AF524175

Das Eichhörnchen

von

Stefan Bosch

Peter W. W. Lurz

Die Neue Brehm-Bücherei

Inhaltsverzeichnis

Warum ein Buch über Eichhörnchen?

Kannst du erkennen, an welcher Nuss das Eichhörnchen knabbert?

Unser Eichhörnchen gehört zur Familie der Hörnchen. Hörnchen sind weder groß, noch sind sie gefährlich. Sie sind nicht die Schnellsten und nicht die Klügsten oder Tapfersten – und dennoch haben sie fast alle Kontinente der Erde erobert!

Hörnchen leben auf Bäumen oder am und im Boden, sie erklimmen hohe Baumwipfel und manche gleiten durch die Luft.

Dieses Buch zeigt dir am Beispiel unseres heimischen Eichhörnchens, was diese so faszinierend macht und warum sie in unseren Wäldern wichtig sind. Du bekommst einen Einblick in das oft verborgene Leben der braunen Wipfelstürmer und erfährst interessante Details aus ihrem Leben in den Baumkronen.

Wie du dich in diesem Buch zurechtfindest

Zu allen wichtigen Informationen findest du tolle **Fotos und Zeichnungen**, die dir dabei helfen, das Gelesene besser zu verstehen.

Im **Haupttext** stehen interessante und ausführliche Informationen über Aussehen, Lebensweise und Verhalten des Eichhörnchens. Du kannst diesen Text selber lesen oder ihn dir vorlesen lassen.

Wenn du es ganz genau wissen willst, findest du in der Randspalte mit dem **Symbol „Wissen“** weitere wichtige Informationen. Diese sind manchmal nicht einfach zu verstehen. Bitte doch jemanden, diese Texte mit dir gemeinsam zu lesen und darüber zu sprechen.

Beim **Symbol „Tipp“** findest du Hinweise auf spannende Dinge, die du unternehmen oder ausprobieren kannst.

Wie Eichhörnchen leben

Wie Eichhörnchen miteinander reden

Eichhörnchen geben nur selten Laute von sich. Sie brüllen, röhren oder singen nicht wie andere Tiere.

Eichhörnchen informieren sich auf raffinierte Art: Anstatt lauthals durch den Wald zu rufen, tauschen sie lautlose Informationen aus. Eichhörnchen-Nachbarn beobachten sich im Wald ständig gegenseitig. Dabei schauen sie vor allem auf den Schwanz, denn der verrät, ob sich ein Eichhörnchen gerade über einen Feind oder Eindringling aufregt oder ganz entspannt ist.

Begegnen sich zwei Tiere, zeigt die Stellung der Ohren und Ohrbüschel, wie sich das Tier gerade fühlt.

Hast du eine Idee, was das Eichhörnchen gerade denkt?

NBB Tipp

NBB Wissen

Auch bei der Paarung spielt die Körpersprache eine wichtige Rolle. Mit sogenanntem Imponierlaufen nähert sich das Männchen dem Weibchen. Dabei bewegt es sich ruckartig, schlägt bei jedem Halt die Krallen hörbar in den Boden, schnalzt laut und wedelt mit dem Schwanz. Damit will es das Weibchen beeindrucken.

Zum Drohen legen Eichhörn-

35

Zwei neugierige Eichhörnchen – eines mit dunklem und eines mit fuchsrotem Fell. Schöne buschige Schwänze haben sie, nicht wahr?

Steckbrief: Das Eichhörnchen

Beschreibung:

- kleiner, flinker und emsiger Waldbewohner
- sucht Samen in Bäumen, am Boden und an Vogelfutterstellen
- rennt bei Gefahr geschwind die Bäume hoch
- kann Riesensprünge von Baum zu Baum machen

Besondere Merkmale:

- buschiger Schwanz
- Fellfarbe ganz unterschiedlich: von fuchsrot über rotbraun bis dunkelbraun und fast schwarz
- im Winter und Frühjahr auffallend lange Ohrenpinsel

Typische Eigenschaften:

- isst gerne Baumsamen, Pilze, Waldbeeren und Nüsse
- hält keinen Winterschlaf

Wohnort:

- am liebsten in Wäldern mit hohen Bäumen
- baut dort für sich und seine Jungen ein kugeliges Reisignest

Kannst du sie erkennen, die langen Ohrenpinsel?

Eichhörnchen im Jahreslauf

Eichhörnchen sind zwar weit verbreitet, aber nirgends kommen sie besonders häufig vor. Deshalb ist es gut, wenn du weißt, zu welcher Jahreszeit sie wo und wie gut zu beobachten sind.

Spätwinter und Frühling:

- Ab Januar ist Paarungszeit. Dann jagen die Männchen rasant den Weibchen hinterher, um mit ihnen Nachwuchs zu zeugen (➜ Seite 38–39).
- Ab Februar arbeiten die Eichhörnchen am Bau der Reisignester (➜ Seite 44–45).
- In den Nestern kommen ab März die Jungen zur Welt (➜ Seite 40), wo sie von der Mutter gestillt und betreut werden, bevor sie selbstständig werden.

Sommer und Herbst:

- Wenn Eichhörnchen genügend Nahrung haben, können sie im Sommer ein zweites Mal Junge bekommen, die im Oktober erwachsen werden.
- Außerdem legen Eichhörnchen im Herbst ihre Vorräte für den Winter an (➜ Seite 50–52).

Junges Eichhörnchen spielt am Boden.

Das Eichhörnchen vergräbt seinen Wintervorrat.

Mit wem sind Eichhörnchen verwandt?

Große und kleine Hörnchen

Eichhörnchen gehören zu der großen Familie der Hörnchen. Auf der Welt gibt es etwa 280 verschiedene Hörnchenarten. Aber bei uns in Mitteleuropa ist es ganz einfach. Hier kommt nur eine Hörnchenart vor, nämlich das Eichhörnchen.

In anderen Regionen gibt es aber viele und ganz unterschiedliche Hörnchen.

Eines der kleinsten ist das afrikanische Zwerghörnchen. Ohne Schwanz ist es gerade mal so groß wie ein Hühnerei und wiegt weniger als eine Scheibe Toastbrot!

Die Riesenhörnchen in Borneo, Indonesien und Malaysia sind die größten Hörnchen. Sie wiegen so viel wie zwei Literpackungen Milch.

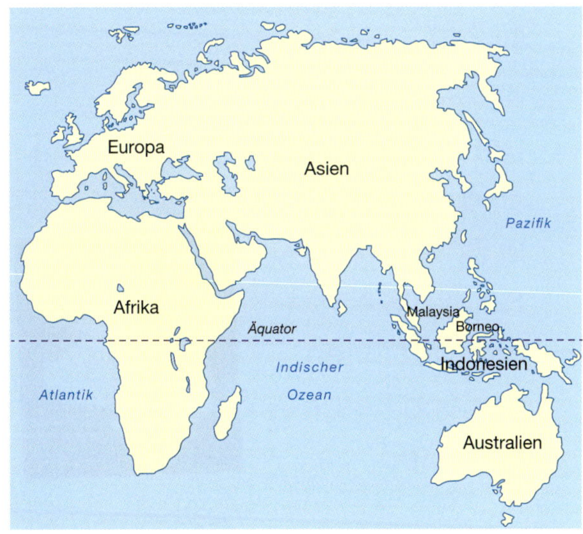

Zeige auf der Karte, wo die afrikanischen Zwerghörnchen und die Riesenhörnchen leben.

Riesenhörnchen

Eichhörnchen

Zwerghörnchen

In der großen Verwandtschaft der Hörnchen mit

- Erdhörnchen,
- Baumhörnchen und
- Flughörnchen

zählt man derzeit weltweit 278 Arten.

Sie kommen überwiegend in Wäldern und Savannen vor. Savannen sind weites, ebenes Grasland, in dem einzelne Baumgruppen stehen.

Von den Baumhörnchen, zu denen unser Eichhörnchen zählt, gibt es beschriebene 117 Arten.

Lebensraum Bäume und Erdhöhlen

Hörnchen kann man nicht nur nach ihrer Größe vergleichen, sondern auch nach ihrer Lebensweise. Die Erdhörnchen wohnen am Boden und in Erdhöhlen.

Erdhörnchen leben in Gängen und Erdlöchern.

Die Baumhörnchen leben in den Wäldern auf Bäumen.

Baumhörnchen – zu denen gehört das Eichhörnchen – sind sehr geschickte Kletterer.

Die Flughörnchen sind ebenfalls in Bäumen zu Hause. Sie können von ihnen fliegend heruntergleiten.

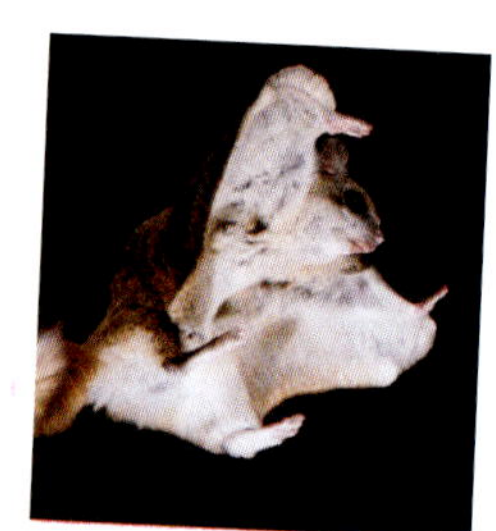

Flughörnchen findet man in Europa nur in Finnland und Russland.

Scharfe Zähne zum Nagen

An den Zähnen kannst du erkennen, dass Eichhörnchen Nagetiere sind. Ganz weit vorne im Mund sitzen oben und unten jeweils zwei lange, spitze, scharfe Zähne. Die sehen aus wie Meißel. Mit denen können sie hartes Material richtig in die Zange nehmen und benagen.

Nagezähne sind das wichtigste Werkzeug der Nagetiere. Eichhörnchen nutzen sie, um Zweige abzunagen, Zapfen zu ernten oder Nüsse zu knacken. Aber nutzen sich Nagezähne nicht ab, wenn sie so stark beansprucht werden? Doch, deshalb wachsen sie ständig nach. Außerdem schärfen sie sich beim Nagen an hartem Futter selbst. So wie ein Messer, das beim Schleifen an einem harten Wetzstein wieder scharf wird.

Schau genau hin: Vorn am Schädel kannst du die kräftigen Nagezähne sehen.

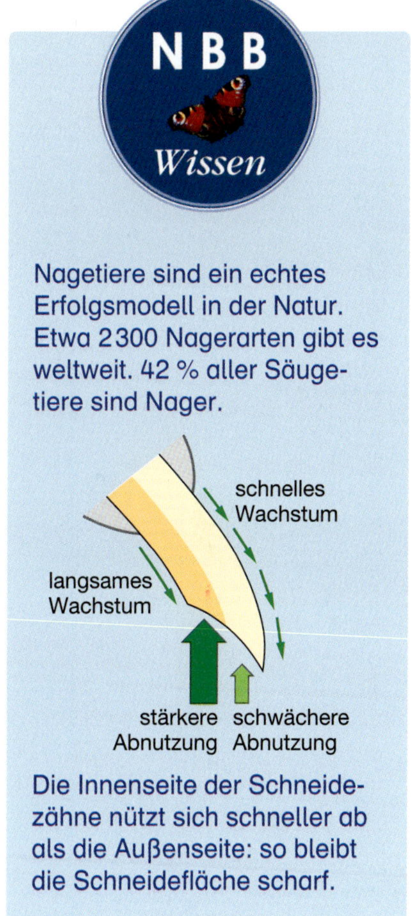

Nagetiere sind ein echtes Erfolgsmodell in der Natur. Etwa 2300 Nagerarten gibt es weltweit. 42 % aller Säugetiere sind Nager.

Die Innenseite der Schneidezähne nützt sich schneller ab als die Außenseite: so bleibt die Schneidefläche scharf.

Wie Eichhörnchen aussehen

Unser Eichhörnchen misst vom Kopf bis zum Schwanzansatz 18-25 Zentimeter. Der Schwanz ist weitere 14-20,5 Zentimeter lang.

Erwachsene Tiere wiegen 220-435 Gramm. Das ist abhängig von Alter, Geschlecht und Jahreszeit. Trächtige Weibchen können noch schwerer sein.

Bei vielen Tieren – so auch beim Eichhörnchen – bringen die Weibchen gleichzeitig mehrere Junge zur Welt. Solche gleichaltrigen Geschwister nennt man einen **Wurf**.

Unverwechselbar!

Eichhörnchen kannst du ganz leicht erkennen: Flink und geschäftig klettern sie in den Bäumen oder hüpfen auf dem Boden entlang.

Auffällige Kennzeichen sind ihr langgestreckter schlanker Körper, dunkle Knopfaugen, lange Ohrenpinsel und ein buschiger Schwanz.

Vom Kopf bis zum Beginn des Schwanzes sind erwachsene Eichhörnchen nicht ganz so lang wie diese Buchseite. Und der Schwanz misst etwa die Höhe dieser Seite. Das Gewicht von Eichhörnchen schwankt stark. Jungtiere wiegen etwa so viel wie ein großer Apfel, erwachsene Eichhörnchen sind ungefähr so schwer wie eine halbe bis ganze Packung Spaghetti. Vielleicht hast du dich schon einmal darüber gewundert, dass das Fell der Eichhörnchen ganz verschieden gefärbt sein kann. Meistens haben Eichhörnchen ein rotbraunes oder fuchsrotes Fell. Es gibt aber auch dunkelbraune, ja fast schwarze Tiere. Viele Menschen meinen, dass schwarzbraune Eichhörnchen andere Tiere seien als die fuchsroten. Aber das stimmt nicht: Egal ob rot, braun oder schwarz – es sind alles Eichhörnchen! Eichhörnchen haben ein dunkles Fell, wenn sie da leben, wo es kalt ist – zum Beispiel im Gebirge. Denn ein dunkles Fell wärmt besser als ein helles. Eines ist aber bei allen Eichhörnchen gleich: Schaut man von unten auf ein Eichhörnchen, sieht man immer das cremig weiße Bauchfell.

Ein helles fuchsbraunes Eichhörnchen in England ...

... und ein nahezu schwarzes Eichhörnchen im Hochgebirge. Schau genau hin: Kannst du bei beiden Tieren das weiße Fell am Bauch erkennen?

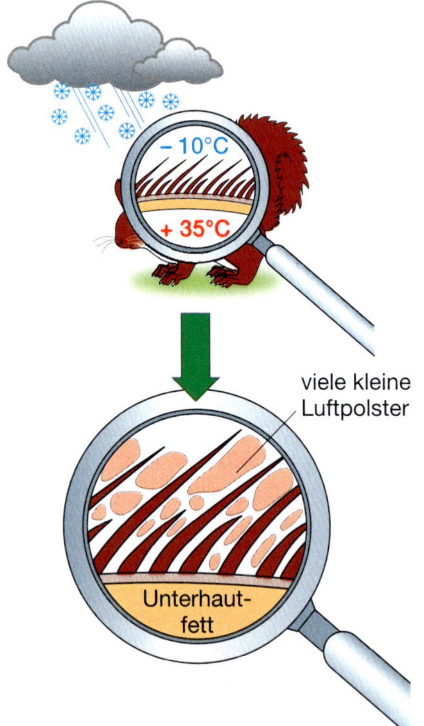

Doppelte Isolation gegen Kälte: unzählige Luftpölsterchen zwischen den Haaren und eine Fettschicht unter der Haut. Die langen Deckhaare halten den Regen ab.

Zwei Pelzmäntel gegen Kälte

Alle Tiere mit Fell wechseln regelmäßig ihre Haare. Zweimal im Jahr tauschen Eichhörnchen fast alle Haare ihres Körpers aus. Ausnahme sind der Schwanz und die Ohrenpinsel: Die wechseln nur einmal im Jahr die Haare. Der Haarwechsel passiert nicht auf einmal, sonst wären die Eichhörnchen ja splitternackt und schutzlos. Er verläuft über mehrere Wochen: Im Frühling sind zuerst Gesicht und Kopf, dann Rücken, Bauch und zuletzt der Schwanz dran. Im Herbst verläuft der Haarwechsel in umgekehrter Reihenfolge über den Körper. Durch den Haarwechsel tragen Eichhörnchen im Sommer ein leichtes Fell und im Winter ein wärmendes Fell. Das Winterfell besteht aus zwei Schichten: einem dichten, kurzhaarigen Unterfell und einem Mantel aus langen Deckhaaren darüber. Die Luft zwischen diesen Schichten schützt wie beim Federbett vor Kälte. Sie hält die Eichhörnchen kuschelig warm.

Auf Seite 68 findest du ein Experiment zum wärmenden Pelz.

Ganz besondere Haare: Schnurrbart und Ohrenpinsel

Im Gesicht tragen Eichhörnchen – wie Katzen auch – besondere Haare, sogenannte Tasthaare.

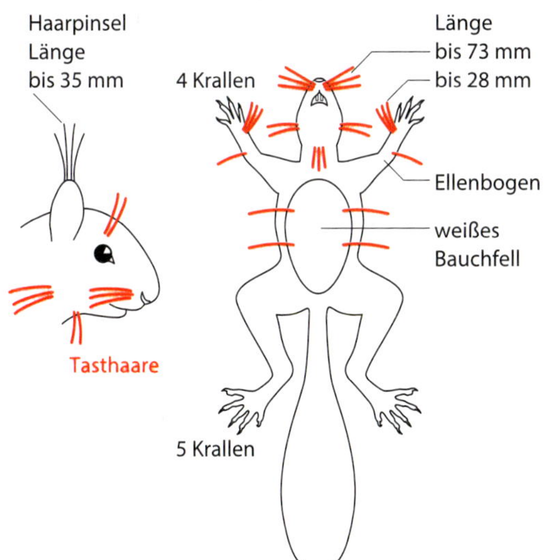

Tasthaare an mehreren Körperstellen geben den Eichhörnchen wichtige Informationen über die Umgebung, in der sie sich bewegen.

Auch der Schnurrbart der Katzen besteht aus solchen Haaren. Am Bauch und an den Armen und Beinen haben Eichhörnchen weitere Tasthaare. Also an Körperstellen, die sie beim Klettern nicht sehen können.
Mit den Tasthaaren können die Tiere gut fühlen und selbst im Dunkeln genau spüren, ob es zwischen zwei Ästen genug Platz zum Durchkrabbeln gibt.
Und schau dir genau die Ohren an: Im Herbst haben Eichhörnchen lange buschige Ohrenpinsel. Im Frühling werden sie wieder dünner und kürzer. Und im Sommer sind sie ganz verschwunden.

Im Herbst bekommen Eichhörnchen lange, buschige Ohrenpinsel.

Bei Jungtieren ist nur die wenig behaarte Ohrmuschel zu sehen.

Wo Eichhörnchen sich wohlfühlen

Der Wald als Sauerstoff-Fabrik
Blätter und Nadeln arbeiten wie Solarzellen: Sie nutzen das Sonnenlicht als Energiequelle, um lebenswichtige Stoffe für den Baum zu bilden. Und sie produzieren den Sauerstoff, den wir zum Atmen brauchen!

Wälder sind also nicht nur für Eichhörnchen sehr wichtig, sondern auch für uns Menschen.

Wald ist nicht gleich Wald

Vielleicht hast du schon mal ein Eichhörnchen durch den Stadtpark, deinen Garten oder über den Balkon huschen sehen.
Aber eigentlich gefällt es Eichhörnchen in Wäldern ganz besonders gut, wenn es dort viele große alte Bäume gibt.
Wälder sehen ganz unterschiedlich aus – je nachdem, welche Bäume dort wachsen. Im Nadelwald stehen Kiefern, Fichten oder Lärchen, die so hoch wie Kirchtürme wachsen.
Fichtenwälder sind sehr finster, da die dichten Nadeln kaum Licht durchlassen.

Im Laubwald mit Buchen, Eichen oder Ahornen sprießen jedes Frühjahr neue grüne Blätter.
Bevor im Herbst die Blätter abfallen, verfärben sie sich in bunten Farben.
Sommergrüne Laubwälder wachsen im gemäßigten Klima Europas, Ostasiens und Nordamerikas.
Natürliche Nadelwälder wachsen in kalten und nördlich gelegenen Regionen.
Wälder, in denen Laubbäume und Nadelbäume zusammen vorkommen, nennt man Mischwälder.

Die in einem Wald vorhandenen Bäume beeinflussen ganz stark, welche Tiere in ihm leben. Unser Eichhörnchen bewohnt Laub- und Nadelwälder in Europa und Asien. Das ist die große Landmasse auf der Nordhalbkugel zwischen den zwei großen Ozeanen Atlantik und Pazifik.

Eichhörnchen kann man von Irland und Frankreich bis nach Korea und Japan finden. Allerdings unterscheiden sie sich im Aussehen in den verschiedenen Regionen ein wenig voneinander.

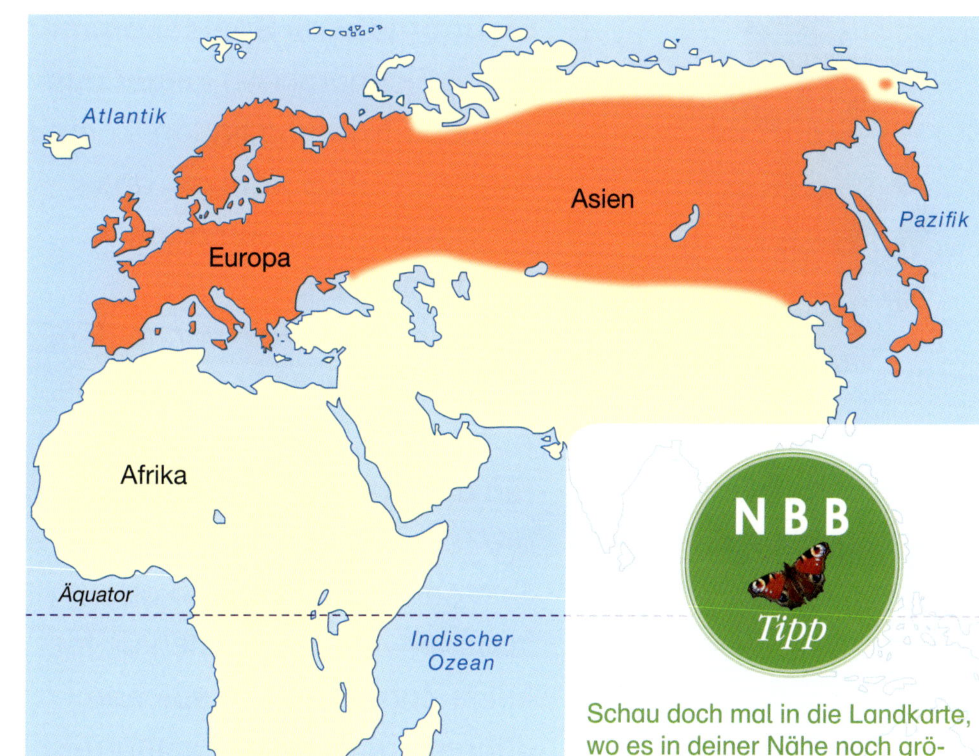

In diesem weiten Verbreitungsgebiet gibt es verschiedene Unterarten des Eichhörnchens, die sich in der Größe und der Fellfarbe unterscheiden.

Schau doch mal in die Landkarte, wo es in deiner Nähe noch größere, zusammenhängende Waldflächen gibt. Meistens sind Wälder als grüne Flächen markiert. Hier sind vielleicht auch in deiner Nähe Eichhörnchen zu Hause!

Lärche

Eichhörnchens Lieblingsfutter: Zapfen – zum Beispiel von der Lärche.

Eichhörnchens Speisekammer

Damit Eichhörnchen immer ausreichend Nahrung finden, kommt es ganz stark darauf an, dass die passenden Baumarten im Wald wachsen.
Stell dir einen Wald vor, in dem es nur Kiefern gibt, so weit das Auge blickt. Kiefern produzieren alle drei bis fünf Jahre eine große Anzahl an Zapfen und Samen. Zwischendurch aber kommen Jahre, in denen es fast keine Zapfen gibt. In solchen Jahren hätten dann Eichhörnchen nur wenig oder gar nichts zu fressen – sie müssten den Wald vielleicht verlassen.
Und es ist wichtig, wie alt die Bäume sind. Junge Bäume tragen noch keine Samen, und alte Bäume haben im Herbst manchmal ganz viele und manchmal gar keine Samen.
Ideale Eichhörnchenwälder sind daher gemischte Wälder mit verschiedenen Baumarten wie Fichten, Kiefern, Lärchen oder auch Buchen oder Eichen mit zusätzlich vielen Haselsträuchern. In zapfenarmen Jahren gibt es dann immer eine Baumart, die noch Samen für die Eichhörnchen hat!

Große Wälder, viele Eichhörnchen

Am wohlsten fühlen sich unsere Eichhörnchen in ausgedehnten Wäldern. So groß, dass man stundenlang ungestört darin laufen kann, ohne auf Straßen, Häuser oder Felder zu treffen.

Kannst du im Bild erkennen, welche Bäume Nadeln haben und welche Blätter?

Warum gefällt es den Eichhörnchen in großen, weiten Wäldern so gut?
Viele Bäume haben Zapfen und Platz für Kobel.
Im Wald stehen die Bäume so dicht nebeneinander, dass die Eichhörnchen nach Herzenslust in alle Richtungen springen können.
Unterbrechen aber Straßen den Wald, fehlt der Kontakt zwischen den Baumwipfeln. Die Eichhörnchen müssen auf den Waldboden hinunter, wo es gefährlich für sie ist: Nicht nur Autos, auch Fuchs, Habicht, Katzen und andere Beutegreifer können sie leicht erwischen.

Eichhörnchens Lebensraum

Eichhörnchen schläft im Kobel.

Eichhörnchens Fußspuren im Schnee.

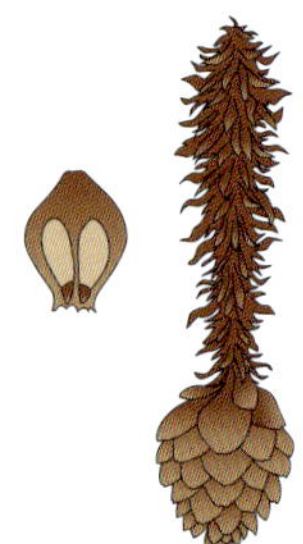

Fichten-spindel und Fichten-schuppe.

Auf diesem Bild siehst du einen Wald, in dem sich Eichhörnchen wohlfühlen. Welche Tiere und Bäume kennst du?

Wir Menschen brauchen immer mehr Platz für Häuser, Straßen, Fabriken, Lagerhallen, Einkaufsmärkte, Sportplätze und vieles mehr. In Deutschland wird jeden Tag Landschaft von der Größe von 100 Fußballfeldern zugebaut. Tiere und Pflanzen finden dort kaum noch Platz.

Und weil jedes Tier auf eine bestimmte Umgebung spezialisiert und angepasst ist, kann es nicht einfach woanders hingehen und dort weiterleben. Eichhörnchen als Waldbewohner können nicht einfach auf eine Wiese oder einen Parkplatz umziehen.

Platz zum Leben

Waldstücke, in denen Eichhörnchen unterwegs sind, nennt man Streifgebiete. In jedem Streifgebiet lebt ein Eichhörnchen.
Zu dicht beieinander mögen sie es nicht. Deshalb können nicht unbegrenzt viele Eichhörnchen in einem Wald leben: Sie könnten sich sonst nicht aus dem Weg gehen.

Stell dir vor, du bist ein Eichhörnchen. Zeichne mit Buntstiften einen Wald, der für dich das schönste Streifgebiet ist. Ideen kannst du dir auch auf den Seiten 20/21 holen.

Schlimm wird es, wenn Straßen den Wald in viele kleine Teile zerschneiden. Die sind dann für einzelne Eichhörnchen zu klein, um sich wohl zu fühlen und gut leben zu können. Die Tiere sterben in solchen Gebieten dann leider oft aus.

Bäume erkennen: Fichte & Co.

Im Leben vieler Tierarten spielen Pflanzen eine wichtige Rolle. Beim Eichhörnchen sind das vor allem Bäume wie Fichte, Kiefer und Lärche. Diese Bäume können ziemlich hoch und mehrere hundert Jahre alt werden. Jede Baumart ist anders. Um sie zu unterscheiden,

- achtet man auf die Form des Baumes,
- schaut man die Rinde genau an und befühlt sie,
- betrachtet man Nadeln, Zapfen, Samen oder Nüsse aus der Nähe.

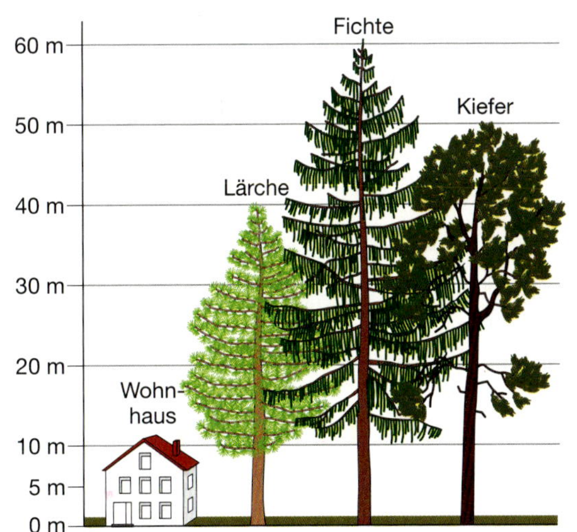

So, wie die Blätter von Laubbäumen verschieden groß, spitz oder abgerundet sind, sind auch Nadeln unterschiedlich lang und einzeln oder in Gruppen am Zweig angeordnet.

Wie Laubbäume ihre Blätter, wechseln Nadelbäume ihre Nadeln, und zwar alle drei bis sieben Jahre. Fast alle Nadelbäume – nur die Lärche nicht – machen das nach und nach und nicht auf einmal im Herbst.

Fichtennadeln sind dunkelgrün, vierkantig, spitz und kurz (1,5-2 Zentimeter). Sie sitzen rund herum um den Zweig.

Fichtensamen sind in Zapfen verpackt. Sie hängen vom Ast herab – im Gegensatz zu Tannenzapfen, die senkrecht nach oben stehen. Fichtenzapfen sind ockerbraun, etwa so lang wie ein Kugelschreiber (10-15 Zentimeter) und 3-4 Zentimeter dick. Alle drei bis elf Jahre gibt es viele Zapfen an den Fichten.

Ein Bild der Fichte findest du auf Seite 29.

Fichte

Die Fichte kennt jeder, bestimmt auch du! An Weihnachten steht sie als Weihnachtsbaum in vielen Wohnzimmern.

Wie du am Weihnachtsbaum sehen kannst, stehen Fichtenäste waagrecht vom Stamm ab oder leicht aufwärts gebogen.

Fichten sind mit flachen Wurzeln nur leicht im Boden verankert. Deshalb fallen Fichten bei Stürmen ziemlich schnell um.

Fichten stammen aus den Wäldern Nordeuropas. Sie wachsen fast überall problemlos und liefern gutes Holz für Bauholz und Papier. Deshalb sind sie oft angebaute Forstbäume. Sie haben lange Zapfen mit großen Samen und sind bei Eichhörnchen sehr beliebt.

Kiefer

Kiefern muss man vom Boden bis zur Baumkrone genau betrachten. Im Boden sind sie mit einer meterlangen Pfahlwurzel fest verankert. Auch bei heftigen Stürmen fallen sie nicht um.
Ihr Stamm hat im unteren Bereich eine rotbraune Rinde mit tiefen Furchen. Im oberen Stammdrittel scheint die rötliche Rinde wie Blätterteig abzublättern.
Die anspruchslosen Kiefern wachsen auch auf kargen Böden und liefern wertvolles Holz für Blockhäuser und Möbel.

Wenn im Frühjahr die Kiefern blühen, weht der feine Blütenstaub in gelben Wolken über den Wald. Man spricht dann vom Schwefelregen – warum wohl?

Kiefernnadeln sind blaugrün und mit 4–8 Zentimetern ziemlich lang. Sie wachsen immer zu zweit aus einem kurzen Trieb, sind leicht gekrümmt und um die eigene Achse verdreht. Sie erinnern etwas an eine unhandliche Pinzette. Kiefernnadeln fallen alle 2 bis 3 Jahre ab.

Kiefernzapfen haben einen Stiel, kräftige Schuppen und hängen oft zu zweit oder zu dritt beieinander. Größe und Form erinnern an ein kleines Hühnerei. Die Samen reifen im September und Oktober.

Ein Bild der Kiefer findest du auf Seite 29.

Haselnussblätter sind dunkelgrün, rund bis herzförmig und am Ende zugespitzt. Am Rand haben sie Zacken wie eine kleine Säge und sind so groß, dass sie die Hand eines Erwachsenen bedecken.

Haselnüsse sind braun, rund und reifen im August und September. Sie sitzen in einer grünen Fruchthülle, aus der man sie herauspulen muss. Haselnüsse sind sehr gesund, denn sie enthalten neben Öl auch Vitamine.

Ein Bild des Haselstrauchs findest du auf Seite 29.

Haselstrauch

Haselnüsse kommen vom Haselstrauch.
Aus jungen, biegbaren Ästen kann man Körbe flechten, Wanderstöcke und Wünschelruten schneiden oder Stöcke, um am Lagerfeuer Würstchen und Stockbrot zu rösten.
Der Haselstrauch blüht in der Zeit von Februar bis April. Die zehn Zentimeter langen männlichen Blüten sehen aus wie Würstchen. Ihr Blütenstaub kann Allergien auslösen.
Die weiblichen Blüten sind dagegen unscheinbar: Nur winzige rote Narben schauen aus den geschlossenen Knospen heraus.
Die Korkenzieherhasel ist eine Zierform des Haselstrauches. Seine Äste und Zweige wachsen krumm wie ein Korkenzieher.

Buche

Buchen sind Laubbäume, die im Sommer grüne Blätter tragen. Man erkennt sie leicht an ihrem grauen, glatten Stamm. Die Rinde der Zweige ist dagegen braun.

Das helle Grün der jungen Buchenblätter im Frühling ist wunderschön. Eine besondere Art der Buche, die Blutbuche, hat dunkelrote Blätter.

Buchen wachsen überall, wo die Winter nicht zu frostig und die Sommer nicht zu trocken sind. Buchenholz wird für Möbel und Brennholz genutzt.

Im Herbst reifen die Bucheckern. Eichhörnchen lieben diese Buchensamen und in guten Samenjahren sieht man sie unter den Buchen am Boden die Bucheckern sammeln.

Die glänzend grünen spitz-ovalen Blätter sind 5–10 Zentimeter lang und 3–7 Zentimeter breit. Ihr Stiel ist 1,5 cm lang. Nach dem Austrieb sind sie wie mit silbriger Seide behaart.

Die Nussfrüchte der Buche liegen in einem stacheligen Fruchtbecher, sind 1–1,5 Zentimeter lang, haben drei Kanten und sind glänzend kastanienbraun.

Ein Bild der Buche findest du auf Seite 29.

Eichen haben braune borkige Rinde mit tiefen Rissen und Spalten.

Die ledrigen Eichenblätter erkennt man gleich an ihrer gelappten Form. Die Nussfrüchte heißen Eicheln, sie sitzen jede in einem kleinen Becher mit Stiel.

In Eichenbäumen leben etwa 1 000 verschiedene Insekten und von den Blättern fressen die Raupen von über 100 Schmetterlingsarten.

Ein Bild der Eiche findest du auf Seite 29.

Eiche

Weit verbreitet ist bei uns die Traubeneiche. Man findet sie häufig in Mischwäldern. Zum Wachsen benötigen sie viel Licht. Eichen können uralt werden: Manche stehen viele Jahrhunderte, ja sogar über 1 000 Jahre!
Eichhörnchen fressen auch Eicheln – aber das hat seine Tücken! Eicheln schützen sich nämlich davor, gefressen zu werden: Sie produzieren chemische Stoffe, die Eicheln bitter und schwer verdaulich machen. Deshalb können Eichhörnchen nur wenige Eicheln fressen, sonst wird ihnen übel und sie bekommen Durchfall.

Buche

Eiche

Haselstrauch

Fichte

Kiefer

Wo Eichhörnchen Nahrung bearbeiten, fallen jede Menge Zapfenreste und Nussschalen an. Schau dir genau die zerlegten Zapfen an! Wenn du die Zapfenspindeln sammelst, zählst und immer wieder nachschaust, kannst du feststellen, wie viele Zapfen das Eichhörnchen im Laufe der Zeit bearbeitet. Versuche mal, selbst an die Flugsamen im Zapfen zu kommen. Wie die aussehen, siehst du auf Seite 46.

Wie Eichhörnchen leben

Klettern, balancieren, springen und gleiten

Eichhörnchen können hervorragend an Stämmen klettern und über Zweige balancieren. Dazu halten sie sich mit ihren Krallen fest.

Im Durcheinander von Ästen und Zweigen finden sich Eichhörnchen bestens zurecht. Gute Augen, die Tasthaare und eine gute Nase helfen ihnen dabei. Zum Balancieren auf schwankenden Zweigen hilft der lange Schwanz.

Im Astgewirr ist das Eichhörnchen kaum zu entdecken, oder?

Beim Sitzen hinterlassen Eichhörnchen Duftmarken. Sie besitzen im Gesicht und an den Fußsohlen Duftdrüsen. Diese geben einen typischen, aber für uns nicht wahrnehmbaren Geruch ab, mit dem Eichhörnchen ihre Reviere und Streifgebiete markieren.

Jedes Hörnchen hat seinen eigenen Duft.

Vielleicht hast du schon einmal darüber gestaunt, wie wagemutig und sicher Eichhörnchen klettern, ohne abzustürzen. Für das Leben in hohen Bäumen sind sie bestens ausgerüstet!

Mit seinem Schwanz balanciert das Eichhörnchen, damit es auf dem Ast nicht wackelt.

Zum Beispiel hilft der Schwanz, um auf den Hinterbeinen auf Zweigen zu sitzen und sicher von Ast zu Ast zu springen. Zum Klettern können Eichhörnchen ihre Krallen gut gebrauchen. Stammaufwärts klettern sie so, wie wir uns an einer Stange hinaufziehen: mit den Vorderpfoten festhalten und den Körper nachschieben. Das klingt langsam, geht aber ganz flink. Als eine der ganz wenigen heimischen Tierarten klettern Eichhörnchen auch mit dem Kopf voraus den Stamm hinunter. Auch hier helfen die scharfen Krallen.

Eichhörnchen können ihren Fuß mit den Zehen nach hinten bzw. am Stamm nach oben drehen. Kopf voraus hängt dann das gesamte Körpergewicht an den Zehenkrallen.

Wer in schwindelnden Höhen unterwegs ist, kann auch herunter fallen. Aber Abstürze kommen bei den gewandten Eichhörnchen selten vor. Übrigens: Es stimmt nicht, dass der Schwanz als Fallschirm einen Sturz abbremst. Das funktioniert nicht. Aber der lange gestreckte Schwanz hilft beim Springflug von Ast zu Ast. Das kennst du auch vom Flugdrachen.

Man mag es kaum glauben: Eichhörnchen können schwimmen. Es wurden schon Hörnchen beobachtet, die durch Seen und Flüsse geschwommen sind.

Sprunggewaltig von Baum zu Baum

Oben in den Bäumen machen Eichhörnchen große Sprünge. Von Ast zu Ast springen sie ohne Probleme. Kräftige Muskeln an den Hinterbeinen helfen, sich kraftvoll abzustoßen. So ähnlich wie ein Weitspringer.

Außerdem sorgen speziell gepolsterte Sohlen für einen besonders guten und weiten Sprung. Gute zwei bis zweieinhalb Meter weit schafft es so ein Eichhörnchen locker, sogar aus dem Stand ohne Anlauf. Das ist zehnmal so lang wie sein Körper.

Der buschige Schwanz hilft beim sicheren Sprung von Ast zu Ast.

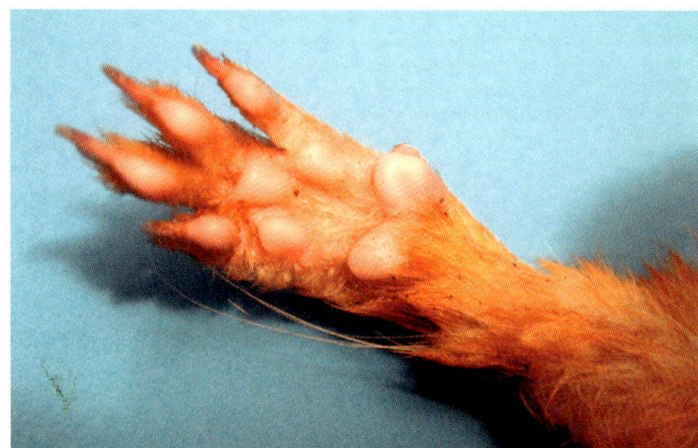

Dicke Sohlenballen federn bei Absprung und Landung das Körpergewicht ab.

Männchen machen und handwerken

Eichhörnchen begegnen uns nicht nur auf vier Beinen. Zum Fressen sitzen sie aufrecht und halten ihr Futter mit den Vorderpfoten. Und sie können Männchen machen, indem sie auf ihren Hinterbeinen stehen. Das sieht sehr drollig aus!
Die Vorderbeine dienen Eichhörnchen auch als Hände. Mit den Unterarmen und Vorderpfoten halten sie sich Zapfen und Nüsse vor den Mund, um sie zu bearbeiten.

Oft sitzen Eichhörnchen wie ein Hund auf ihren Hinterbeinen.
In dieser Position können sie bequem ausruhen, die Umgebung beobachten oder Futter bearbeiten. Sitzplätze gibt es am Boden oder auf einem Ast.
Im Sommer bauen sich Eichhörnchen manchmal eine Plattform aus locker zusammengefügten Zweigen, die sie wie einen Liegestuhl benutzen. Darauf legen sie sich an warmen Sommertagen in der schlimmsten Mittagshitze bäuchlings hin und dösen ein paar Stunden.

Die Pfoten der Eichhörnchen haben, wie bei uns Menschen, je fünf Finger oder Zehen. Statt eines Fingernagels trägt jeder Finger und Zeh eine scharfe Kralle.
Einzige Ausnahme ist der Daumen: Er ist bei Eichhörnchen ganz klein. Von der Kralle ist nur ein kleiner Rest zu erkennen.

Kannst du den Eichhörnchen-Daumen im Bild auf der linken Seite erkennen?

Begegnungen mit Eichhörnchen

Bestimmt findest du Eichhörnchen ganz niedlich und süß. Aber sie können auch anders! Wenn sich Eichhörnchen gestört oder bedrängt fühlen, regen sie sich ziemlich auf. Bei allem Ungewohnten schlagen sie zuckend ihren Schwanz hin und her. Kommt unverhofft ein Mensch oder ein Hund daher, zetern sie mit lautem „muck-muck“ vom Baum herunter.

In Parks und Stadtgärten, bei Ausflugslokalen oder an viel begangenen Wanderwegen kannst du futterzahme Eichhörnchen aus der Nähe beobachten.

Und vor Ärger beklopfen sie manchmal mit den Vorderpfoten derart den Ast, dass es Rindenstückchen regnet. Wird man von solch einem tobenden Eichhörnchen mit Gemecker und Rindengeprassel überrascht, kann einen das richtig erschrecken. Ganz schön mutig für so ein kleines Tier ... Keine Angst wegen der scharfen Zähne: Eichhörnchen beißen nicht – außer sie werden arg bedrängt oder geärgert. Aber das haben wir ja nicht vor mit ihnen!

Wie Eichhörnchen miteinander reden

Eichhörnchen geben nur selten Laute von sich. Sie brüllen, röhren oder singen nicht wie andere Tiere.

Eichhörnchen informieren sich auf raffinierte Art: Anstatt lauthals durch den Wald zu rufen, tauschen sie lautlose Informationen aus. Eichhörnchen-Nachbarn beobachten sich im Wald ständig gegenseitig. Dabei schauen sie vor allem auf den Schwanz, denn der verrät, ob sich ein Eichhörnchen gerade über einen Feind oder Eindringling aufregt oder ganz entspannt ist.

Begegnen sich zwei Tiere, zeigt die Stellung der Ohren und Ohrbüschel, wie sich das Tier gerade fühlt.

Hast du eine Idee, was das Eichhörnchen gerade denkt?

Wenn du ein Eichhörnchen im Baum toben hörst, weißt du jetzt weshalb: Es ist entweder bei der Paarungsjagd oder eine besorgte Mutter mit Jungen oder es fühlt sich durch dich gestört. Aus Rücksicht auf die Tiere solltest du dich zurückziehen.

Auch bei der Paarung spielt die Körpersprache eine wichtige Rolle. Mit sogenanntem Imponierlaufen nähert sich das Männchen dem Weibchen. Dabei bewegt es sich ruckartig, schlägt bei jedem Halt die Krallen hörbar in den Boden, schnalzt laut und wedelt mit dem Schwanz. Damit will es das Weibchen beeindrucken.

Zum Drohen legen Eichhörnchen die Ohren zurück und wetzen laut hörbar die Zähne.

Die Augen der Eichhörnchen sind speziell gebaut. Wollen wir etwas scharf sehen, müssen wir unsere Augen gezielt darauf richten. Sitzen Eichhörnchen ruhig im Baum, können sie ihre gesamte Umgebung gleichzeitig scharf sehen, ohne sich bewegen zu müssen.

Eichhörnchen sind tagsüber aktiv. Gleithörnchen (→ S. 10 und S. 71) dagegen sind in der Dämmerung und nachts unterwegs. Sie haben große Augen, damit sie im Dunkeln besser sehen können.

Supernasen mit Sonnenbrillen

Eichhörnchen haben eingebaute Sonnenbrillen: In ihren Augen sind die Linsen, die sie zum Scharfsehen brauchen, gelb gefärbt.

Damit kann man besser und schärfer sehen, wenn man in den Himmel guckt. Piloten in Flugzeugen machen das genauso: Sie setzen gelborange Brillen auf und können so Details besser erkennen.

Eine gelborange Brille, wie Piloten sie benötigen

Eichhörnchen haben eine sehr gute Nase. Sie nehmen Gerüche und Düfte wahr, die wir nicht riechen können. Über den Geruch erkennen sie andere Eichhörnchen und wissen zum Beispiel, ob es Männchen oder Weibchen sind. Schnuppernd finden sie auch den schnellsten Weg durchs dichte Astgewirr. Auch ihr Fressen finden Eichhörnchen mit der Nase. Durch die Erde, ja sogar durch dünnen Schnee erschnuppern sie sich den genauen Platz, wo sich vergrabenes Futter befindet. Eine feine Nase ist für die Eichhörnchen wichtig zum Überleben.

Der größte Feind der Eichhörnchen ist der Hunger

Haben Eichhörnchen natürliche Feinde? Ja, aber das sind nicht in erster Linie Habicht oder Marder. Manchmal sind es Autos, die auf Straßen durch den Wald fahren. Und manchmal Hauskatzen, die Junghörnchen fangen. Der allergrößte Feind der Eichhörnchen ist jedoch der Hunger. Gibt es nicht genügend in Zapfen verpackte Samen zu fressen, geht es den Eichhörnchen schlecht. Wenn im Frühjahr kaum noch Zapfen mit Baumsamen zu finden sind, wird die Nahrung knapp. Schlimm wird es in Jahren, in denen es wenige Baumsamen gibt.

Dann steigen die Eichhörnchen auch auf Knospen, Blätter und Baumblüten um. Aber von Baumsamen werden sie viel besser satt, denn die enthalten viel mehr Fett und Eiweiß.

Auf Seite 61 findest du Angaben zum richtige Futter. Aber: Man kann Eichhörnchen füttern, aber wirklich helfen kann man ihnen damit nicht – das haben Forscher herausgefunden.

Auch wenn es uns grausam erscheint, wenn uns sympathische Tiere von anderen gefressen werden: Selbst fressen und gefressen werden ist in der Natur ein ganz normaler Vorgang.

Fisch als Feind

Einen kuriosen Feind haben Forscher in Russland entdeckt: Ein mit den Lachsen verwandter Fisch namens Taimen, der so lang wie ein erwachsener Mensch werden kann, frisst auch Eichhörnchen, wenn diese durch den Fluss schwimmen.
Hättest du gedacht, dass ein Fisch Eichhörnchen fängt?

Wie Eichhörnchen sich fortpflanzen und aufwachsen

Hast du eine Idee, wie sich Eichhörnchen am Stamm festhalten? Ein Tipp: Die Antwort findest du auf Seite 31.

Wilde Jagden in der Paarungszeit

Ende Januar, wenn es draußen schneit und friert, beginnen Eichhörnchenmännchen, sich ein Weibchen zu suchen.
Besser gesagt: Sie werden von ihm angelockt. Denn sobald Eichhörnchenweibchen kräftig genug und bereit sind, Kinder zu bekommen, verströmen sie einen besonderen Duft. Der zieht die Männchen aus weiter Entfernung an. Fühlen sich mehrere Männchen angesprochen, sammeln sie sich alle in der Nähe des Weibchens.
Und dann beginnen wilde Verfolgungen, sogenannte Paarungsjagden. Ein oder mehrere Männchen sind ganz wild auf ein Weibchen und rennen ihm pausenlos hinterher – den Stamm hinauf, über die Äste, schwupps auf den Ast des nächsten Baumes, dann den Stamm herunter, über den Boden zwischen den Grasbüscheln durch und mit einem Affenzahn den nächsten Stamm wieder hoch. So geht das stundenlang, oft von Verschnaufpausen unterbrochen.
Wer kann schon pausenlos Fangen im Wald spielen?

Zum Schluss entscheidet sich das Eichhörnchenweibchen für das Männchen, das ihm am besten gefällt und paart sich mit ihm. Danach trennen sie sich wieder.

Bei den Eichhörnchen ist es allein Sache der Mama, die Kinder großzuziehen.

Die Männchen ziehen sich nach der Paarung wieder in ihr Streifgebiet zurück und leben dort als Einzelgänger. Sie helfen nicht beim Nestbau und nicht bei der Versorgung der Jungen.

Schau mal genau hin: Kannst du die kleinen Zitzen am Bauch erkennen?

Männchen oder Weibchen?
Männchen und Weibchen sehen gleich aus. Wenn wir einem Eichhörnchen in der Natur begegnen, können wir keine Geschlechtsunterschiede sehen.
Erst wenn man ein Eichhörnchen in der Hand hat und genau untersucht, kann man Unterschiede feststellen.

Eine Ausnahme sind Weibchen, die Junge säugen. Bei ihnen erkennt man die kleinen Zitzen am Bauch.

Meistens hat ein Wurf vier Junge, ganz selten auch einmal sechs oder sogar acht.

In den ersten Lebenswochen trinken Eichhörnchenbabys wie alle Säugetierjungen Milch. Dazu haben die Weibchen am Bauch spezielle Milchdrüsen und Zitzen, an denen die Babys nuckeln. Damit die Milch richtig fließt, boxen sie mit ihren kleinen Beinchen dagegen.

Eichhörnchenbabys sind nackt und blind

Nach fünf bis sechs Wochen Schwangerschaft werden im Reisignest die Eichhörnchenbabys geboren. Nackt und blind kommen sie zur Welt und sind so leicht wie ein normaler Brief. In den ersten zehn Tagen sind sie hilflos und müssen rund um die Uhr von ihrer Mama betreut werden. Nach wenigen Tagen geben sie Laute von sich, die wie ein leises „fi-fi-fi" klingen. Wenn die Mama sie mit der Zunge ableckt, geben sie Kot und Urin ab.

Eichhörnchen werden schnell groß. Erste Fellhaare kommen in der zweiten Lebenswoche. Und nach einem Monat öffnen sich die Augen.
In wenigen Wochen müssen sie groß und geschickt genug werden, damit sie außerhalb ihres Nests alleine zurechtkommen.

Richtig nagen will gelernt sein

Mit sechs Wochen sind junge Eichhörnchen bereits sehr lebhaft. Sie putzen sich das Fell und beginnen Männchen zu machen. Nach sieben Wochen kommen die oberen Nagezähne durch. Jetzt ändert sich die Nahrung: junge Eichhörnchen können nun Nüsse benagen und Sonnenblumenkerne öffnen. Das klappt nicht gleich perfekt, sondern muss immer wieder geübt werden. So wie du den Gebrauch von Messer, Gabel und Löffel trainieren musst, lernen Eichhörnchen das Futter zu bearbeiten.

Nicht selten findet man ungeöffnete Nüsse mit Nagespuren, an denen unerfahrene Hörnchen geübt haben. Erst nach ein paar Wochen klappt das Nagen richtig gut.

Nagespuren der Eichhörnchen kannst du im Bild unten sehen. Und wie sehen deine Zahnspuren aus? Bestreiche eine Brotscheibe dick mit Butter und beiße hinein, aber nicht ab – dann siehst du die Abdrücke deiner Zähne!

Hier waren Eichhörnchen am Werk: Kannst du die Nagespuren erkennen?

Ein vorsichtiger Blick aus dem Nistkasten, bevor es auf Entdeckungstour geht!

Eichhörnchenkinder spielen gern

Im Alter von sieben Wochen verlassen junge Eichhörnchen erstmals den schützenden Kobel und wagen sich ein paar Meter weit weg ins Geäst. Sie können schon gut klettern und kleine Sprünge machen.

Und sie sind extrem neugierig! Aber noch immer passt die Mama sehr gut auf alle auf. Was machen Eichhörnchenbabys wohl am allerliebsten? Spielen natürlich! Im Kobel oder davor spielen sie ganz viel und ganz oft miteinander. Dabei lernen sie kämpfen, beißen, drohen, angreifen, verteidigen, mit Holzstücken hantieren oder Fressen bearbeiten – alles was man später als erwachsenes Hörnchen zum Leben braucht. Auch mit der Mama spielen sie ganz gerne. Dann klettern die Jungen auf ihr herum oder ziehen sie am Schwanz.

Mit zehn Wochen erwachsen

Nach zehn langen Wochen ist die gemeinsame Zeit im Kobel vorbei. Die Jungen sind nun etwa so schwer wie ein mittelgroßer Apfel. Nach zweieinhalb Monaten sind sie jetzt zehnmal schwerer als bei der Geburt.

Nachdem sie gelernt haben, wie sie an Futter kommen, müssen sie nicht mehr gesäugt werden. Sie können sich fortan gut selbst versorgen. Die Jungen verlassen ihr Zuhause für immer.

Die ersten Lebensmonate sind die gefährlichsten für junge Eichhörnchen. Viele überleben sie nicht.
Vor allem Nahrungsmangel und Krankheiten raffen viele Junghörnchen dahin. Oder sie werden von größeren Tieren gefressen. Wer aber diese kritische Zeit übersteht, hat beste Chancen, in freier Wildbahn etwa drei bis vier Jahre alt zu werden. In menschlicher Obhut erreichen Eichhörnchen deutlich mehr Jahre. Bei guter Pflege werden sie bis zu zehn Jahre alt. Die meisten Eichhörnchen werden im Jahr nach ihrer Geburt geschlechtsreif.

2 Tage alt

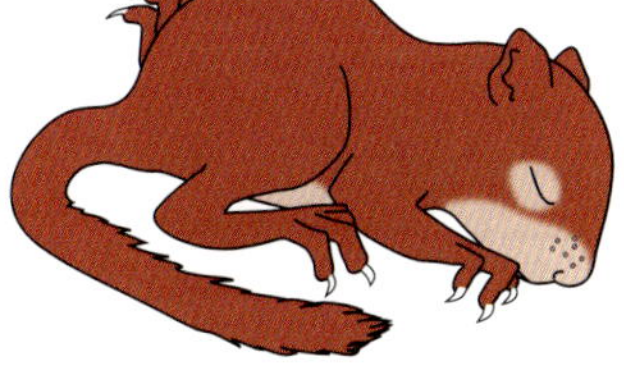

ca. 3 Wochen alt

ca. 6 Wochen alt

Wie Eichhörnchen wohnen

Baumeister Eichhörnchen
Genauso wie ein Haus mit Fundament, Keller, mehreren Geschossen und einem Dach gebaut wird, errichten Eichhörnchen ihre Kobel in Etappen. Aus Zweigen wird zuerst eine Plattform gebaut, dann die gewölbten Außenwände und zuletzt der ganze Bau mit Zweigen überdeckt.
Als Baumaterial nutzen Eichhörnchen Zweige und Äste von Bäumen, die es in der Umgebung gibt. Für das Innennest wird alles verwendet, was man im Wald finden kann: Blätter, Gras, Nadeln, Flechten, Moos, Baumrinde und manchmal auch Vogelfedern.

Eichhörnchens Wohnung: der Kobel

Eichhörnchen wohnen in Reisignestern. Das Reisignest nennt man auch Kobel. Es besteht aus einem feinen, eng geflochtenen Innennest aus Gras oder Moos und einem äußeren Mantel aus Zweigen.
Kobel sind unterschiedlich gebaut und dienen verschiedenen Zwecken.
Wurfkobel, in denen die Eichhörnchen ihre Jungen zur Welt bringen, sind groß und geräumig. Die Mama und mehrere Junge müssen ja hineinpassen.
Für den Winter bauen sich Eichhörnchen kleinere, dicht geflochtene Winterkobel, die gut die Wärme halten. Neben dem dichten Winterfell wirkt der Winterkobel wie ein zusätzlicher Pelzmantel. In ihm überstehen sie kalte, nasse und windige Tage gut.

Manchmal nutzen Eichhörnchen außer Kobeln auch Baumhöhlen oder andere Hohlräume.
Das kann man ausnutzen und ihnen einen speziellen Eichhörnchenkasten als Quartier anbieten.
Allerdings darf man auch nicht allzu enttäuscht sein, wenn Eichhörnchen einen natürlichen Kobel den Kästen vorziehen.
Nicht selten wimmelt es in Kobeln von Flöhen – da will das Eichhörnchen nicht mehr gerne wohnen und zieht um. Aber bei anderen Tieren ist der verlassene Eichhörnchenkobel sehr begehrt.

Vögel brüten darin oder holen zumindest die Baumaterialien als Nistmaterial für ihr eigenes Nest.
Gelegentlich nutzen auch Stare, Marder oder Hornissen den Kasten, wenn es ihnen an Baumhöhlen fehlt.

Schau genau hin: Der Kobel ist kaum zu erkennen.

Was Eichhörnchen gerne fressen

Fichte mit Zapfen

Fichtensamen, die propellerartigen Flügel sind gut erkennbar

Zapfen als Lieblingsspeise

Fragt man Menschen, was Eichhörnchen am liebsten fressen, antworten sie wie aus der Pistole geschossen: „Nüsse und Eicheln". Und das stimmt – aber nur zum Teil: Walnüsse und Haselnüsse mögen sie gerne, aber von zu vielen Eicheln bekommen sie schlimmes Bauchweh. Als typische Waldbewohner sind Eichhörnchen auf Baumsamen spezialisiert. Das sind winzig kleine Samen, die in Zapfen heranreifen. An sonnigen Tagen öffnen sich die Zapfen und aus den Zapfenschuppen rieseln die kleinen Baumsamen.

Jeder Same hat einen kleinen Flügel, mit dem er wie mit einem Propeller weit fliegen und vom Wind durch die Luft getragen werden kann. Nadelbäume säen über die Zapfen ihre Samen aus.

Schau genau hin: Rechts vom Taschenmesser liegt ein vollständiger Zapfen. Links sind zwei, die Eichhörnchen bearbeitet haben.

Nüsse knacken

Eichhörnchens Speisezettel ist aber viel länger. Steht im Garten oder Park ein Haselnussstrauch oder ein Walnussbaum, kommen die Eichhörnchen und ernten im Herbst diese schmackhaften Sonderangebote gerne ab.
Um an den Nusskern zu kommen, nagen sie mit ihren kräftigen Nagezähnen ein Loch in die harte Schale. Dann sprengen sie mit der Kraft ihrer Zähne die Schale auseinander.
Aufgebrochene Nussschalen mit Nagespuren zeigen, dass hier Eichhörnchen tätig waren.
An manchen Orten lassen sich Eichhörnchen gerne füttern und nehmen dann vorzugsweise Erdnüsse. Die nagen sie auch frei, aber deren Schalen sind ja dünner und leichter zu öffnen als Walnüsse.
Je nach Jahreszeit mögen Eichhörnchen Kastanien, Bucheckern, Früchte und auch ungewöhnliche Dinge wie Baumblüten im Frühling oder Insekten.

Müssen Eichhörnchen auch trinken?
Ja, genauso wie wir!
Sie lecken Tau und Regenwasser von den Blättern oder trinken aus Pfützen.

Nagespur an einer Walnuss – Walnüsse sind schwer zu knacken.

Die Reste eines Fichtenzapfens. Hättest du ihn erkannt?

Fressplatz: Das ist ein Tagesbedarf!

Samenschnipsen

Zapfen reifen über den Sommer und können im Herbst geerntet werden. Dazu klettern Eichhörnchen als Zweigturner in die Astspitzen und beißen oder reißen dort die reifen Zapfen ab. Im Mund tragen sie sie zum Stamm. Dort setzen sie sich auf einen Ast und beginnen zu knabbern. Fichtenzapfen bestehen aus einem langen Stiel, der Spindel. Von ihr gehen die platten Schuppen ab. Die liegen wie Dachziegel dicht übereinander.
Und unter jeder Schuppe liegen kleine Samen.

Aber wir kommt man bloß an die leckeren kleinen Samen? Dafür haben Eichhörnchen eine besondere Technik:
Eichhörnchen halten einen Zapfen mit den Händen senkrecht vor sich hin und drehen ihn.

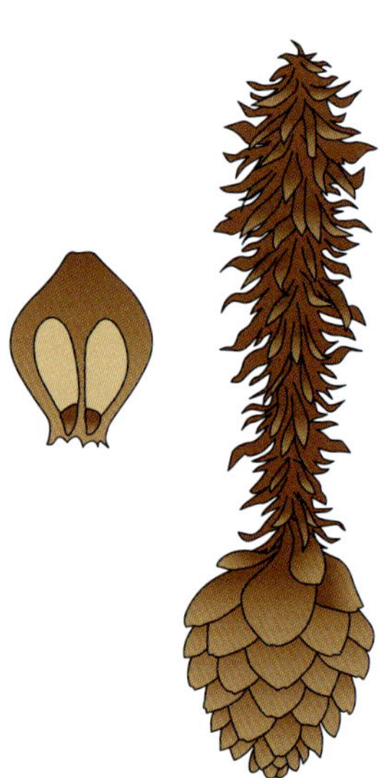

Ein abgeknabberter Fichtenzapfen: links eine Schuppe und rechts die Spindel.

Das Ende, mit dem der Zapfen am Ast fest gewachsen ist, ist am breitesten. Dieses breite Ende führen Hörnchen zuerst zum Mund. Mit ihren scharfen Nagezähnen reißen sie die erste Schuppe von der Spindel ab und schnipsen mit einem Finger das nun freiliegende Samenkorn in den Mund.
Dann kommt die nächste Schuppe und noch eine und noch eine ...
Dabei dreht das Hörnchen den Zapfen immer weiter und arbeitet sich vom breiten Ende zur Spitze vor. Und das geht in einer flotten Geschwindigkeit, denn von ein paar winzigen Samenkörnchen wird man ja nicht satt.
Um genügend im Magen zu haben, muss ein erwachsenes Eichhörnchen täglich etwa 30 Fichtenzapfen zerlegen. Das ist ganz schön viel Arbeit und Abfall. Von 30 Zapfen bleiben unzählige Schuppen und 30 Spindeln übrig. Von den kleineren Kiefernzapfen müssen Eichhörnchen täglich sogar 100 bis 150 Zapfen bearbeiten. Deshalb finden sich unter den Fressplätzen oft Berge zerlegter Zapfen.

Fressplatz – die Baumstümpfe sind mit Zapfenresten übersät.

Lärchenzapfen

Wie Eichhörnchen durchs Jahr kommen

Trockene Pilze im Baum?

Eichhörnchen nehmen gerne Pilze mit Stiel und Hut. Sie transportieren den Pilz im Mund in einen Baum, hängen ihn in eine Astgabel und lassen ihn trocknen. Getrocknete Pilze sind ein Notvorrat. Auch für die Pilze hat das einen Nutzen: Eichhörnchen verbreiten die Samen der Pilze (die nennt man auch Sporen). Diese Sporen stecken im Pilzhut, sie werden gefressen und verdaut. Mit dem Kot säen die Eichhörnchen Pilzsporen an neuen Stellen aus. Eine praktische Sache, oder?

Gute und schlechte Zeiten

Wie du jetzt weißt, essen Eichhörnchen viele Dinge gerne. Aber trotzdem: Baumsamen sind ihre wichtigste Nahrung. Den ganzen Winter über hängen die Zapfen in den Bäumen und die Hörnchen können sich täglich frische holen.

Das ist auch einer der Gründe, warum Eichhörnchen keinen Winterschlaf halten. Sie haben immer reichlich Futter – im Gegensatz zu Tieren, die nur Insekten fressen: Die haben im Winter kein Essen, weil es da fast keine Insekten gibt. Schwalben zum Beispiel wandern dann nach Süden, Igel und Fledermäuse halten Winterschlaf. Obwohl also Eichhörnchen im Winter draußen immer etwas Essbares finden: Wenn es wirklich kalt oder stürmisch ist, bleiben sie im warmen Kobel.

Kannst du den Pilz entdecken, den das Eichhörnchen zum Trocknen in den Baum gehängt hat?

Vorräte für schlechte Zeiten

Im Herbst reifen Früchte und Samen an Büschen und Bäumen. Dann gibt es Nahrung im Überfluss. So viel, dass Eichhörnchen gar nicht alles aufessen können. Deshalb legen Eichhörnchen Vorräte an. Die Lagerplätze nennt man Futterdepots. In ihnen bewahren sie Futter für schlechte Zeiten auf. Besonders gerne machen sie das, wenn im August die Haselnüsse reif sind. Da wuseln Eichhörnchen emsig vom Haselstrauch in die Umgebung und vergraben eine Nuss nach der anderen.

Eichhörnchen verstecken Futter bevorzugt in feuchter Erde und oft am Fuß von Bäumen oder Baumstümpfen. Sie scharren eine kleine Grube, legen das Futter hinein, bedecken es wieder mit Erde und stampfen mit den Vorderpfoten alles fest.

Hamster legen ein großes Futterdepot an, in dem sie alle Nahrung einlagern. Und das bewachen sie dann. Eichhörnchen machen es ganz anders: Sie verstecken wenig Nahrung an vielen Stellen. Findet eine Maus oder ein Rabenvogel ein Versteck, ist das für Eichhörnchen nicht schlimm, denn sie haben viele andere in Reserve.

Um Futterräuber zu verwirren, graben Eichhörnchen sogar Löcher und tun nur so, als würden sie etwas verstecken – sie decken die leere Grube einfach wieder mit Erde zu! Raffiniert, nicht wahr?

Tiere, die Nahrung verstecken und wieder finden, haben bessere Überlebenschancen.

Wissenschaftler haben herausgefunden, dass amerikanische Grauhörnchen ein phänomenales Gedächtnis haben.
Pro Saison, d. h. von Frühjahr bis Herbst eines Jahres, verstecken sie bis zu 3000 Nüsse. Nach 20 Tagen wussten sie noch mit hoher Treffergenauigkeit, wo die Nüsse sind. Selbst nach 64 Tagen fanden sie noch die meisten. Wie würde es dir gehen, wenn du Nüsse an 20 verschiedenen Stellen im Garten oder im Park verstecken würdest?

Verstecken und wiederfinden

Verstecken ist nur sinnvoll, wenn man das Versteckte wieder findet. Eichhörnchen schaffen das fast immer. Sie können sich Versteckorte besonders gut merken und finden die meisten Verstecke wieder. Außer der genauen Erinnerung hilft ihnen ihre feine Nase dabei. Noch durch eine Schneedecke hindurch finden sie vergrabene Nahrungsbrocken wieder. Nicht ausgegrabene Nahrung erfüllt übrigens auch ihren Zweck: Aus den vergessenen Baumsamen und Nüssen sprießen neue Bäume und Büsche. Eichhörnchen pflanzen sich also ihren Wald selbst.

Schau genau hin: Eine Fichte sprießt aus einem Baumstumpf.

Spiel mal Eichhörnchen und versuche, Samen aus einem Zapfen zu pulen oder eine harte Walnuss zu knacken – aber Vorsicht: Mit deinen Zähnen schaffst du es nicht, die gehen eher kaputt. Welche anderen Möglichkeiten findest du?

Schau genau hin: Bearbeitungsspuren an Zapfen

Wie Eichhörnchen Zapfen zerlegen, hast du beim Samenschnipsen gelesen.
Auch andere Tiere nutzen Zapfensamen als Nahrung und müssen dazu die Zapfen bearbeiten. Die Vögel können die Zapfen am Baum hängend bearbeiten oder wie Eichhörnchen ernten. Buntspechte klemmen Zapfen in Rindenspalten und hacken auf sie ein, bis sie an die Samen kommen.

An den Bearbeitungsspuren kannst du als Hörnchenforscher erkennen, ob in deinem Wald Eichhörnchen leben!

Anhand der Nagespuren an Zapfen und Nüssen bekommt man gute Hinweise, ob eine Tierart in einem Gebiet vorkommt, ohne dass man sie gesehen haben muss. Wissenschaftler nutzen Nachweise von Nagespuren, um Lebensräume der Eichhörnchen zu finden.

Waschen sich Eichhörnchen eigentlich gerne?
Viel Zeit verwenden Eichhörnchen täglich für die Körperpflege. Bei Ruhepausen fangen sie sofort an, sich das Fell zu putzen.
Mit der Zunge belecken sie die Haare an allen Stellen des Körpers. Und mit den Pfoten wischen sie das Gesicht. Fellpflege ist sehr wichtig, damit Eichhörnchen gesund bleiben.

Mittags erst mal Pause

In den wärmeren Jahreszeiten sind Eichhörnchen wesentlich aktiver und viel öfter zu beobachten als im Winter.
Im Sommer sind sie Frühaufsteher und bis in den Vormittag aktiv. Dann manchen sie eine ausgiebige Mittagspause und dösen auf einem Ast oder im Kobel. Erst nachmittags und gegen Abend werden sie wieder wuselig und suchen sich nochmals Nahrung. Kaum eine Mittagspause gönnen sie sich im Frühjahr und Herbst, denn da gibt es viel zu erledigen und die Tage werden kürzer.

Im Frühjahr sind Kobel zu bauen, Nahrung zu suchen, Weibchen zu finden, Junge zu versorgen. Und im Herbst müssen Nüsse und Pilze geerntet und versteckt werden. Da gibt es keine Zeit zu verlieren und die Tiere sind unentwegt beschäftigt.

Das Eichhörnchen bei der Fellpflege.

Winterruhe – aber einmal aufstehen muss sein

Es gibt verschiedene Arten, den kalten Winter zu überstehen. Zugvögel fliegen in den Süden, wenn die Tage kürzer und die Insekten knapper werden. Murmeltiere oder Fledermäuse fressen sich im Herbst Winterspeck an. Dann ziehen sie sich in frostfreie Höhlen zurück und verschlafen den Winter im Tiefschlaf. Eichhörnchen halten keinen Winterschlaf. An kalten und windigen Tagen ruhen sie im kuschelig warmen Kobel. Aber sie müssen jeden Tag hinausgehen, um etwas zu fressen.

Eichhörnchen sind im Winter zwar nur wenige Stunden unterwegs, aber einmal aufstehen muss sein.
Für Schlechtwettertage haben Eichhörnchen ihre versteckten Vorräte. Wenn sie aber bei ganz schlimmem Wetter mehrere Tage den Kobel nicht verlassen können, besteht die Gefahr, dass sie verhungern.

Nusshälften kann man auch einsammeln, sortieren und versuchen, die richtige Hälften wieder zusammenzufügen. Gelingt das Nuss-Puzzle, kann man gut die genagte Spalte zum Öffnen sehen (Seite 47).

Eichhörnchen schützen und erleben

Wie schützt man Eichhörnchen am besten?

Wenn wir Menschen für Eichhörnchen etwas tun wollen, müssen wir im Wald anfangen. Am besten sind Wälder mit vielen verschiedenen Baumarten, in erster Linie Nadelbäume.

Förster müssen darauf achten, für Eichhörnchen günstige Fichten, Douglasien, Lärchen, Eiben und Kiefern anzupflanzen.
Die Bäume sollten am besten bunt gemischt und unterschiedlich alt sein, damit es immer Bäume gibt, die Samen tragen.
Ganz wichtig sind grüne Vernetzungslinien wie Heckenstreifen oder Baumalleen, die Waldgebiete miteinander verbinden.
Das sind die Autobahnen für Eichhörnchen. Über sie können Eichhörnchen von Ast zu Ast von einem Wald in den nächsten gelangen.

Auch Eichhörnchen können krank werden

Wie wir Menschen, leiden auch Eichhörnchen unter Parasiten und Krankheiten. Nur können sie nicht zum Hausarzt in die Sprechstunde gehen oder nach einem Unfall den Notarzt rufen. Geschwächt gefundene Eichhörnchen haben manchmal Läuse und Flöhe. Vor allem Jungtiere sind schnell davon betroffen. Krankheiten, die Durchfall oder sogar Todesfälle verursachen können, haben Tierärzte gefunden. Sie werden von Viren verursacht, ähnlich wie unsere Grippe.

Leider wissen wir noch viel zu wenig über Krankheiten von Tieren. Deshalb werden manchmal Eichhörnchen von Tierärzten untersucht.

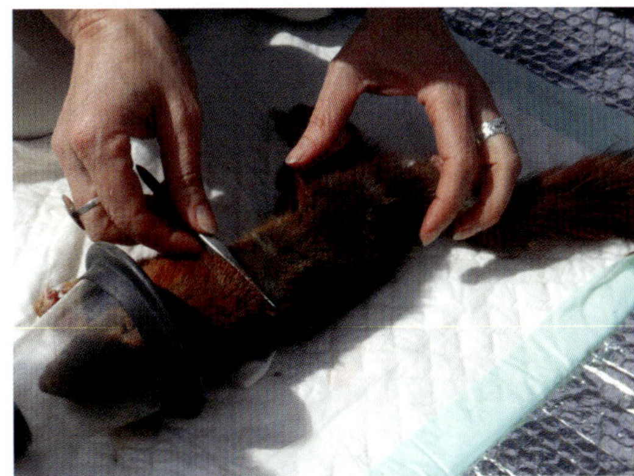

Eine Tierärztin untersucht ein betäubtes Eichhörnchen auf Parasiten

Was ist ein Parasit?
Reißt ein Löwe eine Gazelle, bezeichnet man ihn als Raubtier. Ein Parasit macht eigentlich dasselbe, nur ist er winzig klein. Das von ihm befallene Tier bemerkt ihn oft lange nicht und stirbt auch nicht immer an dem Befall.
Es gibt Parasiten wie Läuse oder Bandwürmer, die man noch mit den Augen sehen kann, und Winzlinge, die man nur mit speziellen Mikroskopen erkennt. Zu ihnen zählen auch die Viren, die schwere, teilweise sogar tödliche Krankheiten auslösen können.

Menschen haben Grauhörnchen eingeführt, ohne sich Gedanken über die Folgen für unsere einheimischen Eichhörnchen zu machen.
Das Schicksal der Eichhörnchen auf den Britischen Inseln zeigt, welche großen Probleme auftreten können, wenn Menschen fremde Arten einführen.
Da wir für unser Eichhörnchen Verantwortung tragen, versucht man in Regionen, wo Grauhörnchen auftreten und als Folge davon die Eichhörnchen aussterben, die Grauhörnchen wegzufangen und spezielle eichhörnchenfreundliche Wälder zu gestalten.

Gefahr durch Grauhörnchen!

Vor über 100 Jahren brachten Menschen aus Nordamerika eine andere Hörnchenart mit und setzten sie aus: das Grauhörnchen.
Es braucht nur wenige Grauhörnchen zur Ansiedlung. Wenn es klappt, bewohnen sie erst Parkanlagen und nahe gelegene Wälder und breiten sich dann aus. Bei uns im Laubwald gefällt es ihnen nämlich genauso gut wie in ihrer alten Heimat. Hier ist es nicht zu warm oder zu kalt und es gibt genügend Fressen, das ihnen schmeckt, besonders Eicheln.

Wenn das Eichhörnchen noch Gesellschaft vom Grauhörnchen bekäme, wäre das doch nicht schlecht, oder? Leider ist dem nicht so. Die Grauhörnchen verdrängen nämlich unsere Eichhörnchen. Wo sie auftauchen, verschwinden die Eichhörnchen innerhalb weniger Jahre.

In Gegenden, in denen Grauhörnchen vorkommen, müssen Eichhörnchen besonders geschützt werden. In England leben wegen der vielen Grauhörnchen nur noch ganz wenige Eichhörnchen.
Damit sie überleben können, arbeiten Förster, Waldbesitzer, Naturschützer und Wissenschaftler eng zusammen. Grauhörnchen sind Spezialisten für Laubwald und haben in ihm einen großen Vorteil. Außerdem verbreiten sie eine Krankheit, an der viele Eichhörnchen sterben. Eichhörnchen leiden also doppelt unter den Grauhörnchen.

Eichhörnchen sind besser an den Nadelwald angepasst. Darum gibt es in England und Schottland spezielle Schutzgebiete, um dort die Eichhörnchen vor dem Aussterben zu retten.

So sieht ein Beobachtungsstand in einem Schutzgebiet aus. Entdeckst du das Fernrohr?

Schädling?
Menschen teilen Tiere gerne in schädlich oder nützlich ein. Das berücksichtigt aber immer nur unsere Sichtweise der Dinge.
Sogar unser Eichhörnchen galt lange Zeit als Schädling, da es im Frühjahr die Rinde von Waldbäumen abschält und die darunter liegenden Schichten auffrisst. Die Bäume wurden dadurch geschädigt und taugten nicht mehr zur Nutzung.

Der Besuch eines Baumwipfelpfads ist ein tolles Abenteuer!

Eichhörnchen erleben

Günstige Plätze, um Eichhörnchen zu erleben, sind Nadelwälder und Mischwälder. Auch Waldränder, Parkanlagen, Friedhöfe und Gärten, wenn es dort große Nadelbäume gibt oder Bäume, die Früchte oder Samen tragen. Weil Eichhörnchen nicht sehr dicht beieinander siedeln, bekommt man sie jedoch relativ selten zu sehen. Günstig sind die Paarungsjagden im Januar/Februar, die Zeit der Abwanderung der Jungen im Spätsommer oder wenn die Nüsse reifen. Besonders lohnend sind Plätze, an denen Eichhörnchen futterzahm auf die Hand kommen und aus der Nähe zu beobachten sind. Solche Stellen gibt es in Parks, Stadtgärten, bei Ausflugslokalen oder an viel begangenen Wanderwegen. Und wer die Welt einmal aus Eichhörnchen-Perspektive erleben möchte, kann einen Baumwipfelpfad besuchen.

Wo ist ein Baumwipfelpfad in deiner Nähe? Im Internet findest du eine Auswahl unter www.baumwipfelpad-baumkronenpfad.com. Du kannst aber auch einfach „Baumwipfelpfad“ und deine Stadt oder Gemeinde in eine Suchmaschine eingeben. Probier's mal.

Eichhörnchen sind Waldtiere und kommen nur unter besonderen Umständen in unsere Gärten. Aber man kann den Eichhörnchen Angebote machen, damit sie uns besuchen kommen. Zunächst gefällt es ihnen, wenn ein Nadelbaum und ein Nussbaum mit leckeren Nüssen im Garten stehen.
Zusätzlich kann man Eichhörnchen füttern. Dafür gibt es spezielle Futterautomaten. Sie haben ein Sitzbrett für das Tier und eine Plexiglasscheibe, damit es die Köstlichkeiten im Kasten sehen kann. Damit Spechte oder Meisen nicht das Futter holen, hat der Futterautomat eine selbst schließende Klappe. Die muss das Eichhörnchen mit der Pfote hoch drücken, um sich einen Futterbrocken zu holen. Keine Angst, die Klappe kann das Tier nicht verletzen oder einklemmen.

In einem eichhörnchenfreundlichen Garten gibt es Haselnuss, Walnuss, Ahorne und andere Nahrungsbäume sowie eine Futterstelle.

Das richtige Futter
Am besten füttert man eine Mischung aus Maiskörnern, Sonnenblumenkernen und Erdnusskernen. Das mögen Eichhörnchen ziemlich gerne. Auch Haselnüsse und Walnüsse werden gerne genommen, manchmal auch frische Äpfel und Karotten.
Aber Kekse, Schokolade, Brot und anderes sollte man Eichhörnchen keinesfalls anbieten!

Berühmte Hörnchen
Einige Hörnchen sind weltberühmt, z. B. die Comicfiguren A-Hörnchen und B-Hörnchen. Eichhörnchen kommen in den Sagen der Wikinger vor, Walt Disney hat über das Eichhörnchen Perry einen Film gemacht, und Cinderellas weiße Schuhe sollen aus Eichhörnchenfell bestehen. In England ist das Märchen vom Eichhörnchen Nutkin von Beatrix Potter ein sehr beliebtes Kinderbuch.

Beliebt und genutzt

Die kleinen Nager haben den Menschen schon immer gefallen. Sie stehen wie wir, wenn sie Männchen machen, und benutzen ihre Hände wie wir. Außerdem gefällt vielen Leuten ihr geschäftiges, flinkes Wesen.
Als es vor langer Zeit viele arme Leute gab, die sich kein Fleisch leisten konnten, wurden viele Wildtiere gefangen, um sie zu essen. Auch Eichhörnchen wurden wegen ihres Fleisches mit Fallen gefangen und dann gekocht.
Das Fell der Eichhörnchen war schon immer begehrt. Aber früher durften nur wichtige Leute wie Fürsten und Bischöfe einen Pelzmantel aus Eichhörnchenfellen tragen. Unvorstellbar: Man brauchte Hunderte von Eichhörnchen, um einen Mantel zusammenzubekommen. Ganz besonders wertvoll waren Mäntel, die nur aus dem kleinen weißen Bauchfell des Eichhörnchens bestanden.
Pelzmäntel macht man heute nicht mehr aus Eichhörnchen. Aber Haare aus Eichhörnchenfellen werden immer noch geschätzt: für Mal- und Zeichenpinsel sowie für Kosmetikpinsel.

Weshalb und wie erforscht man Eichhörnchen?

Wenn man Eichhörnchen schützen will, muss man vieles über sie wissen: Wo und wie leben sie? Wie viele gibt es überhaupt? Wie gesund sind sie? Wie verhalten sie sich?
Um diese Fragen zu beantworten, benötigen Forscher viel Ausrüstung. Mit Satellitenbildern schauen sie von oben, wo es welche Wälder gibt. Und mit Haarfallen bekommt man Haarproben von einzelnen Tieren. Haarfallen sind mit Klebeband präparierte Röhren, in die das Hörnchen mit Futter gelockt wird. Geht es hinein und holt Futter, bleiben ein paar Haare am Klebeband hängen. Forscher erkennen unter dem Mikroskop, von welcher Tierart das Haar stammt.
Manche Eichhörnchen bekommen vorübergehend ein Halsband mit einem Minisender. Mit einer Antenne und einem Empfänger kann man feststellen, wohin das Eichhörnchen überall geht.

Mit Fotofallen finden Forscher heraus, wo Eichhörnchen vorkommen.

Blutuntersuchung an einem Eichhörnchen in Narkose.

Mit einer Fotofalle fotografiertes Eichhörnchen.

Die häufigsten Irrtümer über Eichhörnchen

Es ist uns ein Anliegen, häufige und verbreitete Irrtümer sowie Missverständnisse zur Biologie der Eichhörnchen aufzuklären. Leider kursieren seit Jahrzehnten in Kinder- und Jugendbüchern unzutreffende und seit Langem wissenschaftlich widerlegte Behauptungen. Tragen Sie mit Ihrem Wissen und diesem Buch bitte dazu bei, die Naturkenntnisse unserer Kinder auf Stand zu halten!
Im „globalen Dorf“ werden oft Kinderbücher aus Nordamerika übersetzt und die abgebildeten Hörnchen (meistens Grau- oder Fuchshörnchen) als „Eichhörnchen“ bezeichnet, was zoologisch so unzutreffend ist, wie einen Mercedes als Volkswagen zu bezeichnen. Achten Sie genau auf die Artmerkmale und entlarven sie schlecht übersetzte Bücher! Nicht überall wo Eichhörnchen drauf steht, sind auch Eichhörnchen drin. Helfen Sie Kindern, die typischen Artmerkmale des Eichhörnchens kennenzulernen.
Von trautem menschlichen Familienleben keine Spur! Die Männchen begatten die Weibchen und kümmern sich nicht weiter um den Nachwuchs. Die klassische Eichhörnchenfamilie ist eine allein erziehende Mutter mit einer Handvoll Kinder. Das Paarungsverhalten hat keine moralische Dimension und ist der jeweiligen Umwelt und der am besten funktionierenden Strategie angepasst.
Eichhörnchen sind keine Winterschläfer. Sie sind nur weniger aktiv im Winter. Statt zwei Aktivitätsphasen an langen Sommertagen haben sie im Winter nur eine kurze. Winterschläfer, die im Winter kein Futter finden können, legen sich im Herbst körpereigene Fettdepots an und reduzieren im Energiesparschlaf ihren Stoffwechsel dramatisch. Eichhörnchen müssen das nicht: Sie haben Baumsamen und Futterverstecke.
Auch wenn Albrecht Dürers Gemälde vom Eichhörnchen mit der Nuss weltberühmt ist: Die Hauptnahrung sind Baumsamen, die in Zapfen verpackt in den Nadelbaumwipfeln hängen. Nüsse, Eicheln und alle anderen Früchte spielen mengenmäßig eine untergeordnete Rolle in ihrer Ernährung. Je nach Jahreszeit kann sehr unterschiedliche Nahrung auf dem Speisezettel stehen: Knospen, Baumblüten, Beeren, Pilze, manchmal sogar Insekten, Vogeleier oder – wegen des Calciumgehaltes – benagte Geweihe.
Eichhörnchen legen Nahrungsvorräte in Futterdepots ab. Diese Depots befinden sich überwiegend im Boden oder – im Fall der Pilze – in Astgabeln. In Baumhöhlen werden nur ganz selten, in Kobeln in der Regel keine Vorräte gehortet.
Der Schwanz des Eichhörnchens ist ein Universalwerkzeug zum Wärmen und Kühlen, Balancieren und Steuern. Aber als Fallschirm beim Absturz aus dem Baum taugt er ebenso wenig wie als Segel beim Überqueren von Gewässern per Floß.

Projektideen und Spiele

Eine Wetterstation bauen

Mit Zapfen schützen Bäume ihre Samen vor Nässe und vor Tieren, die die Samen fressen wollen. Eichhörnchen kommen nur an Baumsamen, indem sie Kraft und eine spezielle Technik aufwenden (Seite 48-49). Aber eigentlich sind Kiefern-, Fichten- und Lärchenzapfen beweglich! Bei Nässe schließen sich die Zapfen und bei trockenem Wetter spreizen sich die Zapfenschuppen weit auseinander, sodass die dazwischen liegenden Samen herausfallen und mit dem Wind fort getragen werden.

Die durch die Luftfeuchtigkeit verursachte Zapfenbewegung lässt sich gut für eine einfache Wetterstation nutzen. Am besten nimmt man einen kugeligen Kiefernzapfen, der mit einem Nagel auf einem Brettchen befestigt wird. In das Ende einer Schuppe an der Zapfenspitze wird eine Stecknadel gesteckt und auf sie ein Trinkhalm als Zeiger geschoben. Bei trockenem Wetter öffnet sich der Zapfen und der Zeiger wandert nach unten, bei Regen schließt sich der Zapfen und der Zeiger wandert nach oben. An beiden Extrempositionen markiert man die entsprechende Wettermeldung – und fertig ist die Zapfen-Wetterstation!

Eichhörnchen-Spiel: Verstecken und wiederfinden

Das Spiel eignet sich für zehn und mehr Teilnehmende ab sechs Jahren und dauert knapp eine Stunde.
Beim Eichhörnchen-Spiel geht es darum:

- Nahrung gibt es nicht unbegrenzt.
- Im Winter ist es schwierig, an Nahrung zu kommen.
- Auch die Grauhörnchen benötigen Nahrung.

Ideale Spielzeit: Im Herbst, wenn echte Nüsse zu finden sind.
Spielort: Mischwald – nur hier gibt es Engpässe und Konkurrenz. Man benötigt ein Waldstück mit wenig Unterwuchs sowie sechs bis zehn Nüsse pro Kind.
Das Spiel: Zunächst verwandeln sich die Kinder in Eichhörnchen. Die Spielleitung erklärt, dass Eichhörnchen Nüsse als Wintervorrat an Baumstämmen, unter Wurzeln oder Blättern verstecken.
Jedes Eichhörnchen erhält eine bestimmte Anzahl Nüsse, die es in einem Umkreis von etwa 50 Metern an geeigneten Stellen verstecken muss. Sind alle Nüsse versteckt, treffen sich die Eichhörnchen wieder.
Die Spielleitung erzählt vom Winterbeginn mit Schnee und Eis und dass die Eichhörnchen nun großen Hunger bekommen. Die Eichhörnchen verlassen den Kobel für zwei Minuten, um sich zwei bis drei der versteckten Nüsse zu holen. Wer nur eine Nuss bringt, darf eine weitere Runde machen, wer keine Nuss bringt, scheidet aus.

- Wie viele Eichhörnchen überleben?
- Werden alle Nüsse gefunden?
- Was passiert mit nicht gefundenen Nüssen?

Variante mit Nahrungskonkurrenz: Je ein Grauhörnchen begleitet drei oder vier Eichhörnchen beim Verstecken. Bei der Futtersuche müssen auch die Grauhörnchen jeweils zwei bis drei Nüsse mitbringen.
Im Laubwald gibt es oft fünf- bis siebenmal so viele Grauhörnchen wie Eichhörnchen pro Hektar. Will man den Konkurrenzkampf verdeutlichen, sollte es mehr Grauhörnchen als Eichhörnchen im Spiel geben.
Man sollte den Kindern sagen, dass man beim Verstecken auch aufpassen soll, wo die anderen die Nüsse verstecken. Es ist erlaubt, die Nüsse von anderen zu nehmen, wenn man weiß, wo sie sind, oder sie findet! Grauhörnchen plündern die Verstecke und Eichhörnchen machen das auch.

Ei, Ei, Ei, Ei, Eichhörnchen

Refrain:

D
Ei, Ei, Ei, Ei, Eichhörnchen,
A D
kletterst hoch auf jedes Bäumchen,
D
Ei, Ei, Ei, Ei, Eichhörnchen,
A D
immer hin und her!

1. Strophe

G f #
Zeigst uns, wie du klettern kannst,
e D
zeigst uns deinen Klettertanz,
G f #
und dein schöner Wuschelschwanz
A D A7
fliegt von Baum zu Baum. „Husch!"
D
Ei, Ei, Ei, Ei, Eichhörnchen …

2. Strophe

Ja, dein toller Wuschelschwanz,
der kann Dinge – „allerhand!":
dient dir mal als Sonnenschutz,
Fallschirm, Steuerrad. „Husch!"
Ei, Ei, Ei, Ei, Eichhörnchen …

3. Strophe

Zeigst uns deine Kunststückchen,
sammelst deine Fundstückchen.
Nüsse, Samen, Waldfrüchte
bringst du in dein Nest. „Husch !"
Ei, Ei, Ei, Ei, Eichhörnchen …

4. Strophe

„Kobel" heiβt dein schönes Nest,
hoch im Baum, da hängt es fest.
Manchmal schauen Babys raus
aus dem Kobel-Haus. „Husch!"
Ei, Ei, Ei, Ei, Eichhörnchen …
(leicht musikalisch ausgedünnt)

5. Strophe (6/8-Takt, langsam!)

Ja, mein süβer brauner Freund,
letzte Nacht hab ich geträumt,
du gabst mir´ nen dicken Kuss
auf die Nase drauf. „Knuuutsch !"
Ei, Ei, Ei, Ei, Eichhörnchen …
Ei, Ei, Ei, Ei, Eichhörnchen …

© Musik und Text:
Carsten „Cattu" van den Berg

Mitmachbewegung für den Refrain: Die Kinder stellen sich partnerweise gegenüber auf und halten dabei die Hände und Arme wie die Äste eines Baums.
Abwechselnd nacheinander krabbeln sie mit allen zehn Fingern vom Kopf bis zum Fuβ am Partner runter und wieder hoch.

Wenn sich die Kinder noch nicht gut kennen: Jeder krabbelt mit seinen Fingern an sich selbst runter und hoch!

Zeilen 1+2: Das 1. Kind krabbelt beim 2. runter und hoch
Zeilen 3+4: umgekehrt

Zum Reinhören:
www.cattu.de
CD 3: Im Land der bunten Fantasie
Lied 7

Projekt: Leben wie ein Eichhörnchen

Experiment: Der wärmste Pelz

Man benötigt Gefäße gleicher Bauart und Größe, z. B. Marmeladengläser, die gut schließen. Füllt man das Glas mit 250 g Wasser, 40 °C, ist dieses Glas ungefähr so warm und so schwer wie ein Eichhörnchen. Wichtig ist, dass jedes Glas die gleiche Wassermenge in der gleichen Temperatur enthält. Je heißer das Wasser, um so deutlicher die Temperaturunterschiede.
Welcher Handschuh hält am wärmsten? Jedes Kind erhält ein Glas und steckt es in seinen Handschuh. Vielleicht sieht das Ganze dann sogar einem Eichhörnchen ähnlich? Nun werden alle Handschuhe nach draußen gebracht. Nach einer Stunde wird die Wassertemperatur in jedem Glas gemessen. Nun kann man die verschiedenen Materialien der Handschuhe vergleichen. Welcher Stoff hat das bessere Luftpolster zur Isolation? Bei welchem Handschuh wurde die Wärme am schnellsten nach außen abgeleitet und warum? Man kann auch in einer zweiten Versuchsrunde den jeweils zweiten Handschuh darüberstülpen.

Spiel: Kobel bauen

Die Kinder sammeln Zweige und sollen daraus einen eigenen Kobel bauen. Das lässt sich sehr gut als Wettspiel gestalten. Dabei liegen die Zweige natürlich nicht dort, wo der Kobel gebaut werden soll, sondern müssen erst auf einer Strecke (so lang wie ein Baum hoch ist) einzeln herbeigeschafft werden. Man kann dazu auch über einen liegenden Baumstamm laufen. Schließlich muss ein Eichhörnchen ja die Zweige auch erst zu seinem Kobel balancieren. Hier zählen also Geschicklichkeit beim Stapeln und Schnelligkeit beim Herbeiholen. Als Kobelbaum können Sträucher genommen werden. Oder man bindet geeignete Astgabeln an Zaunpfähle oder Schaukelpfosten an.

Gedicht: Das Eichhörnchen von Josef Guggenmos

Wer solch ein Haus wie ich besitzt,
wer keck im Tannenwipfel sitzt,
sieht überm Wald die Wolken gut
und schaut dem Förster auf den Hut.

Aus: Josef Guggenmos, Was denkt die Maus am Donnerstag?

Spiel: Walnussmemory

Man benötigt große Walnussschalenhälften. Darunter versteckt man je zwei gleiche Naschereien. In einer Studentenfuttertüte und im Küchenschrank lässt sich so einiges finden. Geeignet sind Sonnenblumenkerne (symbolisieren die Zapfensamen), halbe und ganze Mandeln, geschält und ungeschält, Haselnüsse und Rosinen. Die Rosinen kann man auch mit einem Mandelsplitter als kleinen Pilz gestalten. Nun müssen die richtigen „Futterdepots" wiedergefunden werden. Wer ein richtiges Paar aufgedeckt hat, darf es aufnaschen und der nächste Spieler ist dran.

Malen: Eichhörnchen im Jahreslauf

Was machen, was fressen, wie leben Eichhörnchen in den verschiedenen Jahreszeiten?

Typisch Eichhörnchen: Tier-Pantomime

Die Kinder probieren typische Fortbewegungs- und Verhaltensweisen des Eichhörnchens aus: Springen, Klettern, Nüsse benagen, Kobelbau, Verstecken. Sie spielen sie den anderen Kindern vor und lassen sie erraten.

„Eichhörnchen" in anderen Sprachen

englisch:	red squirrel
französisch:	écureuil
italienisch:	scoiattolo
polnisch:	wiewiórka
türkisch:	sincap
russisch:	belka
arabisch:	sinjãb
holländisch:	eekhorn

Im Internet findet man nach Bedarf weitere Sprachen und man kann sich die Wörter vorsprechen lassen kann.

Auch in den verschiedenen Landesteilen Deutschlands haben die Hörnchen ihre eigenen Namen:

Eker, Ächhörle, Oachkatzl …

Die Kinder können Opa und Tante fragen, ob die noch weitere regionale Bezeichnungen wissen.

Projekt: Dem Eichhörnchen auf der Spur

Fressplätze entdecken

Fressplätze von Eichhörnchen (Kennzeichen siehe S. 48–49) und Spechten (Spechtschmieden) im Wald suchen, Zapfenspindeln und Schuppen untersuchen.

Landart gestalten

Zapfen, Nüsse, Bucheckern, Eicheln: sammeln, bestimmen, trocknen und Samen ausschütteln.
„Gedeckter Tisch“: aus Fundstücken im Wald kleine Mandalas auf Baumstümpfe legen – oder Wuchsformen der Bäume nachbilden („Landschaften“) oder Eichhörnchen nachbilden („Porträt“). Das Ganze kann auch wie eine kleine Ausstellung gefeiert werden.

Waldtypen erkennen und erforschen

Laubwald, Nadelwald, Mischwald? Typische Bäume anhand von Blättern und Nadeln, Zapfen und Früchten bzw. anhand der Gestalt bestimmen. Ideal im Sommer und Herbst. Ergänzung:

- **Blättersammlung**: Man kann zu den Samen die Blätter der Bäume sammeln und pressen und ein kleines Herbarium (Blättersammlung) anlegen.
- **Rindenabdrücke**: Ein Kind hält ein Blatt Drucker-/Kopierpapier an einen Baumstamm. Ein zweites Kind malt dann mit Wachsmalkreide so über das Papier, dass die Struktur der Baumrinde zu erkennen ist. Legt man die verschiedenen Bilder nebeneinander, erkennen die Kinder die Unterschiede in der Oberfläche der Baumrinden.

Kobel suchen

Kobel sind am besten im Herbst in laublosen Laubbäumen zu entdecken (siehe S. 45). Die Kinder können versuchen, die Baumart, die Lage des Kobels (in der Krone, nahe beim Stamm) zu bestimmen und die Höhe zu schätzen, in der sich der Kobel befindet (in einfachen Kategorien: unter 2 m, 2-4 m, über 4 m Höhe).

Beobachtung

Man kann einen Futterautomaten kaufen und im Garten/Schulhof aufhängen und beobachten, was die Eichhörnchen dort alles machen:

- Wie öffnen sie die Klappe?
- Wo und wie bearbeiten sie das Futter?
- Interessieren sich auch andere Tiere für das Futter hinter der Scheibe?

Futtermischungen und Eichhörnchenkästen sind in vielen Gartenfach- oder Baumärkten erhältlich (www.schwegler-natur.de; www.vivara.de).

Grauhörnchen gegen Eichhörnchen?

Dürfen Menschen andere Tierarten ansiedeln, die einheimische, vorhandene Arten gefährden?

Die Eichhörnchen/Grauhörnchen-Situation (vgl. S. 58–59) ist eine gute Einführung in die Problematik von eingeführten Arten und in die Diskussion, wie wir als Gesellschaft damit am besten umgehen.
Das Auftauchen neuer Arten kann durchaus ein natürlicher Vorgang sein; Tierarten reagieren z. B. auf Klimaveränderungen und wandern in andere Gebiete.

Jedoch: Die größte Anzahl von neuen Arten wird durch menschliche Handlungen wie Handel und zufällige oder absichtliche Aussetzungen verursacht. Es wirft die Diskussionsfrage auf: „Wenn neue Arten von uns eingeführt wurden (z. B. das Grauhörnchen) und diese dann heimische Arten bedrohen (wie das Eichhörnchen): Haben wir dann eine Verantwortung dem Eichhörnchen und anderen Arten gegenüber?"

Fressen und Gefressen werden

Auch nicht so einfach zu behandelnde Aspekte wie Altern und Tod, Fressfeinde oder Umweltzerstörung können in diesem Kontext angesprochen werden:

- Fressen und Gefressen ist normal in der Natur.
- Was fressen Eichhörnchen und wer frisst die Eichhörnchen?
- Wer ist der größte „Feind" des Eichhörnchens bzw. was ist der wichtigste Einflussfaktor auf ihren Bestand?
  Vgl. S. 37 (Fressen/Feinde), 46 und 50 (Ernährung).

Flughörnchen können nicht wirklich fliegen: Sie gleiten mithilfe ihrer Flughäute. Wenn sie von Baumkronen losspringen, kommen sie bis zu 70 m weit!

Lustiges Wettspiel: Baumstämme rollen

Ein Gruppenspiel für Klein- und Schulkinder mit mindestens zwölf Personen. Es kann beliebig lange gespielt werden und erfordert außer robuster Kleidung und einer größeren Freifläche kein Material. Es werden zwei Gruppen mit je mindestens sechs Mitspielern gebildet. Fünf Mitspieler jeder Gruppe sind Baumstämme, die sich bäuchlings auf den Boden legen. Die sechste Person legt sich als weiterer Baumstamm quer auf die anderen. Auf ein Startkommando rollen die fünf Baumstämme gleichzeitig in eine Richtung los. Dadurch rollt die oben quer liegende Person langsam von den Baumstämmen herunter. Sie legt sich anschließend auch als Baumstamm auf einer Seite hin, auf der anderen Seite kommt ein neuer Baumstamm aus dem Holzstoß. Dies wird so lange wiederholt bis die vorher bestimmte Ziellinie erreicht wird. Welcher Baumstammstapel wohl gewinnt?

Impressum, Literatur, Bildnachweise

Impressum

ISBN: 978-3-89432-140-6
Grafiken: Elisabeth Galas, Bad Breisig
Satz und Layout: ISM Satz- und Reprostudio GmbH, München
Herstellung: Westarp & Partner Digitaldruck.
Printed in Serbia

Bildnachweise

Bosch, Stefan & Lurz, Peter W. W., alle Fotos außer:
Haas, Dieter: S. 10/2; 42/1,2; 46/1.
Fotolia Deutschland, Berlin, © www.fotolia.de: Fotoschlick S. 29/2; Potapov, Alexander S. 18/1; Wolfilser S. 29/1; Zerbor S. 29/3, 29/4.
Getty Images Deutschland GmbH, München: S. 29/5
Scheibe, John: S. 10/3; 71.
Straub, Peter: S. 5; 35.

Literatur

Alber, B. & Cording, C. (2011): Das Eichhörnchenbuch – unsere wilden Nachbarn, Oldenburg.
Blessing, K., S. Langer,T.Fladt (2000): Natur erlernen mit Kindern. Ulmer Verlag Stuttgart (Baumstämmerollen).
Bosch, S. & Lurz, P. (2011): Das Eichhörnchen. Neue Brehm-Bücherei , Magdeburg.
Bosch, S. & Lurz, P. (2013): The process of drey construction in red squirrels – nestbox observations based on a hidden camera. Hystrix, the Italian Journal of Mammalogy. Volume 24: 199–202.
Grimmberger, E. (2014): Die Säugetiere Deutschlands. Quelle & Meyer, Wiebelsheim.
Thorington, R.W. & Ferrell, K. (2006): Squirrels: The Animal Answer Guide. John Hopkins University Press, Baltimore.
Ziegler, B. (Hrsg., 2006): Umweltpädagogisches Handbuch für Lehrkräfte und Eltern. Prisma Media Verlag, Reutlingen (Eichhörnchenspiel).

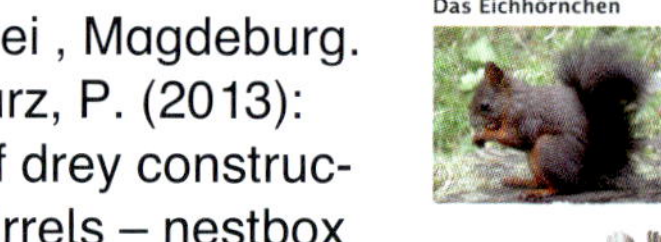